Au nom de Marie !

Les mystères de l'Au-deçà

Vincent Hamain

A Véronique, mon épouse.

*Quand les instances de l'amour
viennent frapper à la porte d'un espoir inattendu…
C'est tout au loin que sonnent les requêtes de
l'amour, elles supplantent la réalité…*

U.P.D.E – Un Pas Dans l'Éternité

ISBN : 9782957646104

Couverture : Peinture réalisée par l'auteur – Peinture sur toile
en Acrylique, 80 cm x 60 cm

3

Au nom de Marie !

*« Il y a des jours où les patrons et les saints ne suffisent pas !
Alors il faut prendre son courage à deux mains
et s'adresser directement à celle qui est au-dessus de tout.
Être hardi, une fois.
S'adresser hardiment à Celle qui est infiniment belle
parce qu'aussi Elle est infiniment bonne.
À Celle qui intercède.
La Seule qui puisse parler de l'autorité d'une mère.
S'adresser hardiment à Celle qui est infiniment pure
parce qu'aussi Elle est infiniment douce... »*

Extrait d'un poème de Charles Péguy

« Le ciel est là où l'homme a placé son cœur » Swedenborg

Préface

Quand Vincent me demanda de lui écrire la préface de son dernier livre « Au nom de Marie », cela fit en moi comme l'effet d'un boomerang. La résonance mémorielle de ce qui est ressenti au plus profond de mon âme… l'Amour que j'ai pour Marie.

Edwige est le prénom de ma grand-maman. Cette gentille grand-mère m'apporta et m'apporte encore aujourd'hui de la bienveillance. Souvent ses pensées venant de là-haut heurtent les miennes et nous faisons ensemble la concordance de ce qu'est devenue ma vie. À mes yeux, elle représente l'amour que je chéris et de ce fait, je me rapproche de Marie.

J'ai rencontré Vincent il y a plus de trente-trois ans et le hasard spirituel fut en sorte le constructeur de notre nouvelle vie. Je ne savais pas à quel point j'allais découvrir un monde que je ne soupçonnais pas. Un monde spirituel d'une force inimaginable, capable d'ouvrir en moi des perceptions qui m'étaient inconnues où l'amour est fédérateur de toute ma foi… Au travers de Vincent, j'ai retrouvé ma fille Marie, qui partie involontairement, me donna signe de vie de l'autre côté du voile. Puis ce fut une succession de rencontres surprenantes qui m'ont rapproché de plus en plus d'une vérité spirituelle.

Puis Marie, notre Maman Céleste vint à ma rencontre petit à petit et je pouvais de plus en plus la percevoir comme une véritable énergie divine. J'ai lu ce manuscrit avec beaucoup de passion et j'ai perçu la richesse de cette rencontre. Cette perception m'a était offerte avec amour par Marie.

Marie, notre Maman nous offre dans cette écriture, multiples recommandations afin que chacun retrouve plaisir et confiance en la vie. Ce livre deviendra une référence importante car aujourd'hui, il permet à celui qui le lit, de vivre et de ressentir au travers de phrases et de mots, la puissance de cet emblème.

Cette rencontre incroyable et cet enlacement dont Vincent a bénéficié lors de son expérience de mort imminente, a bouleversé sa vie et je comprends encore mieux en vivant à ses côtés, les difficultés qu'il rencontre pour amener aux pieds de chacun, ce cadeau divin.

Je vous souhaite de trouver un bénéfice certain en lisant ce livre et je vous souhaite la redondance des frissons d'amour que j'ai ressenti en lisant page par page, ce joyau.

Les mystères révélés dans cette écriture, j'en suis certaine, amélioreront votre propre ressenti quand face aux difficultés, vous serez plongé dans le doute...

Chers lecteurs, laissez-vous bercer, laissez-vous enlacer par cet amour que Marie, la Vierge Marie vous offre ainsi dans ce livre.

L'amour est et restera quoiqu'il arrive...

Véronique HAMAIN

Libre propos

Ce libre propos me parut nécessaire pour que s'expriment certaines personnes qui furent pour moi les rencontres les plus emblématiques de la loi de l'amour. C'est au travers de leurs pensées que se réalise l'appartenance à quelque chose, quelques mémotionnelles * vécues ensemble il y a si longtemps et ce sont des retrouvailles qui honorent nos vies d'aujourd'hui.

C'est dans ce sens que je les laisse s'exprimer dans une grande liberté de pensées, plurielles et sans retenue.

La douceur de l'un renforce la dureté de l'autre pour qu'ensemble se réalise la force de la pensée…

Nous partageons le même regard sur un monde qui est en pleine évolution spirituelle, un monde qui transgresse les fondements même de la parole divine et c'est pour cela qu'il prend part dans ces propos à l'écriture dans ce livre.

C'est au travers de nos vies respectives que nous nous sommes reconnus comme faisant partie de l'un et voulant vivre pour le tout.

Les propos qui vont suivre sont denses de par la tenue de l'expression, mais sans valeur vindicative pour ceux qui en seront troublés.

L'amour est la seule porte à ouvrir pour en comprendre parfaitement l'attitude …

De ces mémoires émotionnelles (mémotionnelles)*,

*(Mémotionnelles = venant de l'âme)

il en ressort une appartenance à quelque chose de plus grand et de plus émouvant. Dans les propos de Dominique qui vont suivre, il a choisi ses mots avec objectivité. Dominique tente de partager ses propres ressentis quant aux rencontres qu'il a pu faire récemment, en laissant toujours une place imposante à L'Amour. C'est en cela que Dominique est un envoyé de Marie, pour que nos diapasons résonnent en harmonie pour le bien de tous.

Dominique Pabois (Petit Père)

Dominique appelé par Marie, reçu par message : « Petit Père », rencontré il y a peu, suite à un incident de parcours où une « glaciale » forfaiture m'obligea à revoir (ma copie) et revisiter ainsi la notion d'amour que l'on porte à quelqu'un, quand celui-ci au travers de ses actes et discours tentait de me témoigner son amitié et ainsi de son amour.

Il me paraissait si sincère, puisqu'il se tenait à mes côtés tel un frère, un frère d'âmes. Se reconnaissant comme de la même fratrie que celle que je défends aujourd'hui.

Il en fût tout autre face aux évènements qui nous séparèrent. Se relevant comme justicier et me condamnant ainsi non pas à la damnation éternelle, mais à un choix relevant d'une totale abnégation de l'Amour. « Des propos diaboliques me furent jetés en plein face ... »

Se Cachant derrière le masque dit de « l'homme spirituel », affirmant ainsi à qui veut bien l'entendre « il ne faut surtout jamais juger et surtout aimer son prochain » ... Entre le dire et le faire, une énorme distance nous sépare à l'inverse de ses soi-disant convictions, il me condamna à la vindicte de son propre jugement … « Le sombre s'habille en Prana … aveuglant ainsi celles et ceux qui croit en l'amour inconditionnel ».

« Petit Père » envoyé par Marie, est arrivé avec son regard bleu profond pour signifier l'arrêt de cette relation toxique … Merci à lui pour ce geste d'amour où seul celui qui est haut peut en connaitre la réalité.

« Petit Père », est un homme dont la profondeur de sa bonté et de sa gentillesse dépasse toutes mes connaissances en la matière.

Son cœur et son âme d'enfant, innocents de lumière, vous ouvrent les portes de son Paradis et c'est là que tout commence pour vous …

L'azur illumine son visage et son sourire ravive votre espérance. C'est pour cela que je lui cède la plume afin de lui rendre ce cadeau Divin qu'il m'a fait et de remettre à qui de droit la justice divine.

Dominique vous le rencontrerez en Dordogne, aux limites de Varaignes, gardien d'un temple ou fleur bon, la lumière et les forêts verdoyantes. Nichée au détour d'un chemin, sa roulotte gitane est bien à l'abri d'un regard malsain. Dominique y retrouve le repos et la connexion avec sa partie haute.

Un firmament de lumière habite cet homme simple et humble, son adresse à manier le pastel, affiche d'un seul regard la profondeur de cet homme, fasciné par l'Amour pour l'autre, Dominique est un ange descendu du ciel, pour honorer chacun de nous dans ce que nous sommes de plus beau.

Ce Philippe ou ce Mathieu nés il y à si longtemps tente encore aujourd'hui à œuvrer dans ce monde en désolation pour que renaisse en chacun de nous l'espoir et le miroir de ce que nous sommes vraiment et non pas ce que nous croyons être. Des larmes, ils en coulent sur ces joues, ce n'est que pour former que des étangs d'Amour.

Nous le savons, nous travaillerons ensemble au travers des rencontres afin que nous tous soyons unis dans le concert des mondes Divins. En effet l'Au-delà nous attend dans cette concorde.

Libre-Propos de Dominique Pabois

Décidément, peu de choses que nous prévoyons se réalisent.
Et celles que nous n'avions pas imaginé ou espéré tracent
notre chemin ... Pas à pas, visages après visages, mains
ouvertes ou fermées, cœurs déchirés ou réparés ...
Nous ne pouvons prévoir notre avenir ni celui du monde, nous
pouvons seulement nous préparer ...

Ainsi fut ma rencontre avec Vincent, tombé des étoiles et de
son épouse Véronique, inséparable binôme, retrouvailles par
delà le temps et l'espace, pour œuvrer ensemble. Pour
recueillir et transmuter les larmes en joie ...

Alchimie des divers éléments de la matière de nos incarnations
au fil des siècles afin d'offrir le MEILLEUR AUJOURD'HUI.
Ciel et terre, Masculin et Féminin pour que la Chrysalide
devienne papillon et retourne butiner les étoiles de nos Rêves.

Certes, l'épopée merveilleuse de son voyage dans les mondes
invisibles a ravivé des souvenirs volontairement occultés par
mon incarnation, mais ce qui m'a le plus impressionné furent
ses compositions musicales et ses peintures. Imprégné d'une
éducation artistique, cela parla aussitôt à mon âme. Vibrations
au-delà des mots, au-delà des limitations trop humaines de
notre Ego ...

Vincent et Véronique parlent à notre âme !
N'allez pas croire que ce soit si simple pour lui comme pour
elle ...

Après avoir vécu une expérience comme la sienne, le retour en
ce monde si chaotique est peut-être plus douloureux qu'un
accouchement car l'Âme, cette fois-ci, se souvient. Elle ressent
des couleurs, des sons, des "visages". Le désir de "remonter là
haut" doit être permanent.

Comment alors s'arracher à cette nostalgie pour parvenir à
être malgré tout heureux, ici et maintenant ?
Nous devons tous répondre à cette question existentielle :
Pourquoi ai-je choisi de naître à ce moment de fin de
civilisation ? Et à chaque rencontre : pourquoi lui ; pourquoi
elle ?

A coup sûr Vincent a dû être "poussé" pour "retomber" sur
terre ! D'ailleurs il le dit lui-même : "Il m'a fallu plus de dix ans
pour que je puisse mettre des mots sur cette expérience !"

Une des réponses à tous mes pourquoi, Véronique et Vincent
me l'ont offerte par leurs témoignages de vie :

- Quand l'âme s'incarne, elle a peur de perdre la fusion céleste
- Quand le bébé naît, il a peur de perdre la fusion avec sa mère
- Une des clefs est de se dire que l'on reste toujours RELIE verticalement et horizontalement
- Il n'y a que les liens d'Amour Inconditionnel entre humains et avec toutes formes du Vivant qui nous permettra de dépasser nos Ego et nous faire grandir.
- L'Enfant Divin qui sommeille en nous ne grandira que par la CONFIANCE et la CERTITUDE d'ÊTRE AIMÉ avec tout ce qu'il porte, Lumière et Ombre.
- Si je deviens aimant du chemin que mon âme a choisi, alors je serai aimanté et tout deviendra fluide !

Je leur suis infiniment reconnaissant de m'avoir ouvert la porte de leur demeure par les soins qu'ils m'ont prodigués.
Merci d'ÊTRE AUJOURD'HUI des MESSAGERS, ouvreurs des portes du cœurs, soignants et infirmière des corps éprouvés ...

Mon cœur d'Enfant de Marie s'offre désormais pour eux et avec eux pour le plus grand nombre.

Que fleurisse la diversité joyeuse du Divin !

Petit Père

Tout çà pour çà ... Expérience. De Mort. Imminente.
Lettre à ... Ce qu'il me reste d'espoirs ...

Ce fût ainsi, il y a si longtemps. Je festoyais d'ivresse avec la vie de mes trente ans. Cette vie était alignée sur le normal, formatée suivant les règles de bon aloi et je construisais ainsi promesses et espoirs.

Mais les emblèmes changèrent. La déloyauté atteint ses serments si respectueux de ce qui est et de ce que l'on croit ; ce fût pour moi, le commencement de la découverte de ce que je présumais être. Cette recherche qui aboutit à l'extase de ce ressenti si fort et si viril... La jouissance de la Jeunesse.

L'exception parcourra par instant mon espoir, ressenti comme improbable. La rencontre insoupçonnée de l'ardeur d'amour pur sur un futur incertain. Et pourtant dans cette réalité, le temps n'a aucune importance sur la jeunesse éternelle de l'amour. Les gens que l'on rencontre servent de point de repères. Parfois ces mêmes repères deviennent attirants, fascinants et séduisants, mais aussi faits de guet-apens, amitieux et amoureux.

Ce fût cette occurrence qui bouleversa ma vie et je ne savais pas ce que cela représenterait plus tard. Cette rencontre avec un futur improbable.

Puis, j'entrepris des années de printemps successifs, de millésimes faits de rencontres et de soirées enivrées de sensualités. Ma vie fût une succession de constructions intimes à l'édification de ma demeure secrète, là, où aurait dû briller l'étincelle éternelle.

Ce long parcours flexueux me jeta en opprobre dans ce que l'on aurait pu attendre de moi et de ma réussite.

Je construisis à tout vent, pour calmer ce feu qui me dévorait de l'intérieur. Je volais de ville en ville, édifiant, détruisant et me brûlant à l'amour exclusif. Je m'embrasais dans l'abandon face à la malfaisance en omettant qui j'étais et en cherchant à oublier ce feu dévorant. Qu'il est difficile de vivre en ayant comme sang, l'ardente plaisance et la représentation virile !

Sans débauche et sans vergogne, je parcourais ma vie dans le sens du vent, vers cette soi-disant réussite. C'est sans compter sur les rebonds extraordinaires de la vie, de l'incroyable vers le magnifique, de révélations vers l'indicible, de la grandeur titanesque de l'amour vers la désolation...

Le guetteur amoureux que j'étais, envisageait toujours son avenir sur la méconnaissance de la vie. Ainsi, je vécus la plus incroyable et la plus indulgente des histoires improbables, ce matin du mois d'octobre 1999.

Raconter ici cette période d'absence terrestre serait trop long... Il y eut la première mort. Celle qui bascula ma vie aux antipodes de mes espoirs, celle qui percuta de plein fouet mes attentes, avec cet impact décisif et récurant. Puis il y aura la deuxième, à la fin de l'hiver de ma vie. J'étais bon pour le dé-formatage.

Je mis donc un pas dans l'Éternité, par cette mort surprenante, cette compagne très agréable et très luminescente. Ce fût comme un voyage expérimental aux contrées de l'indicible puissance de l'amour. Rien de plus majestueux, de plus beau et de plus extraordinaire ne pourrait effacer ce que j'ai vécu. La mort provisoire ou la mort imminente est un atout incontestable pour apprécier la vie, ma vie, aujourd'hui.

Pour cela, j'avais un cœur légèrement de traviole, genre mauvais filtre, qui pouvait me faire basculer sans crier gare dans la nécrose et l'arrêt cardiaque.

Sous la houlette du bistouri, je fus invité au festin des Anges éclairé par ce doux Scialytique. La traversée accomplit l'étonnement, la faucheuse mena sa danse et la percée se réalisa mirifique.

Virevoltant de plaisirs prégnants, olfactifs, oculaires en surprises impensables, je suis devenu pour un instant de quarante minutes, ce voyageur dans l'espace de l'Amour, tel Cupidon observant ce royaume inimaginable.

Bravant ma surprise, je découvris à chaque tournant, à chaque plan, à chaque sphère, la stupéfaction de l'Amour. De l'atmosphère lourde, aux embruns de la pureté Divine, accumulant le bienfait de rencontres improbables et exceptionnelles. Des noirceurs palpables aux sphères épurées, j'acceptais avec surprise cette richesse extraordinaire dans laquelle chaque élément éclaire et magnifie l'âme.

Entouré, j'étais ivre de jouissance divine et éternelle, observant gloutonnement ce qu'est ce monde mirifique. J'entrais en concordance avec ces âmes d'une beauté inimaginable pour chanter les louanges de l'amour si pur et si prégnant...

Les cités se succédaient au gré de mes envies vibratoires, pour que chaque émotion marque à jamais ma mémoire. L'absoluité de l'Amour entraine l'âme à l'élévation. C'est comme cela, que je parcourais mille et mille sphères, pour le bienfait majestueux de ma compréhension.

Atteindre l'apothéose de l'amour, fut l'un des plus beaux moments de cette escapade spirituelle. Celui qui marque à jamais le destin de toute une vie, une rencontre, celle de l'impossible, majestueuse et mirifique, l'emblème drapée de lumière, au regard cristallin et bienveillant. Silencieux, buvant chaque son et chaque ressenti comme éternel, je m'octroyais une pause nécessaire pour que chaque parcelle lumineuse attise cette mémoire que je tenterai de ramener.
Puis vint cet inacceptable moment de la réintégration, le retour à ce corps renaissant.

Jouant de ma naïveté pour l'éclairement de la douceur et admettant ma résurrection dans cette enveloppe réparée, cela transforma mes espoirs à jamais. Ces derniers firent office pour ma compréhension de l'extraordinaire. Je revins certes différent, mais aussi troublé et très enjoué à dispenser.

Sevré de cet amour universel, je constatais avec torpeur cette énergie terrestre, où tout est bien différent. J'éprouvais l'impossibilité de partager l'indicible, celui de l'ordre de l'improbable. Le ressentir ouvrit en moi, des terroirs de douleurs.

S'en suivit une décennie de silence tonitruant m'obligeant à chercher désespérément la saveur du partage et ne recevant que des rejets bouillonnants. Mortifié, je m'enfonçais dans la torpeur cognitive en espérant y rencontrer le soulagement. De rejets en désespoirs, la faille spirituelle se referma peu à peu.

L'expression de l'Amour universel devra attendre. L'information dans cette globalité regorge de saveurs spirituelles qui tiennent compte de mes embruns affectifs, de mes histoires parcellaires familiales et de la découverte de l'attachement amoureux, fraternel et sentimental.

Enfermé dans des tenailles douloureuses et mordantes de vérités, la dénégation fut l'exutoire à cet avilissement. Ah, le déni, ce petit colibri qui ne cherche qu'à s'envoler afin de se libérer de cet enfermement ! Il ne durera qu'une décennie, le temps de ces éclairs jaillissants comme par vagues successives, pour embellir mon âme d'une parure lumineuse. Cette vibration ondulatoire pénétrante sous forme d'énergie pure, descendue de son pinacle comme une douche d'Amour, me redonna le tonus sursautant et la verve nécessaire, pour me permettre d'ouvrir à nouveau, cette faille si longtemps obturée et d'où jaillira ma nouvelle Vie.
Par la suite, ne sachant perdre l'érudition pédagogique de ma vie d'avant, maladroit, mais chanceux, j'envisageais à peine ce renouveau, de peur d'être retranché dans la folie, ou de passer pour fou.

Des énergies nouvelles s'amoncelaient en moi, comme le reflet du plus beau et du plus merveilleux. Je ne pouvais soupçonner leurs forces. Elles furent surprenantes dans le prolongement de cette révélation éblouissante, cet embaumement marial. L'accès entrebâillé de ce monde incroyable, où seulement quarante minutes suffirent, comme un long voyage de plusieurs mois pour le comprendre. Sur Terre, la vision imaginée du plus beau ne peut être comparée à cette immensité d'Amour.

De cet autre côté, la perception que l'on a de cette Terre est en deçà du compréhensible. Elle apparaît comme illusoire, comme l'apparence de ce que nous sommes et de ce que l'on vit, revêtue de duperies et de contradictions. Nous trompons tellement notre intuitif pour que l'ego en soit le libérateur.

Le vrai comme l'essentiel n'apparaissent pas comme ils devraient l'être ; c'est comme cela que nous vivons dans ce simulacre existentiel et de cette vanité si récurrente.
Bien des étranges situations furent des moments difficiles, par exemple, celle de me retrouver face à des personnes qui ne se doutaient pas de la lecture de mon ressenti involontaire et de leur information cognitive. Chaque chagrin et douleur, chaque nécrose et trouble que je ressentais, éclairaient mon regard intrusif, mais bienveillant par l'élancement de ces fractures de vie.

Puis le temps fit son office. Avec prudence et expérimentation, je pris l'instant comme admirable et le moment comme extraordinaire. Ce changement intuitif basé sur ce savoir universel renforça considérablement mon appréciation de la vie.

L'information abondante me permit de canaliser cette fougue spirituelle, comme un liant maintenant à flot cet engouement au partage. Les intervalles familiaux construisirent autour de moi et en moi, l'espérance de cette vie en l'entretenant dans la réalité.

Lors d'une nuit agitée, mon âme sortit une fois de plus pour un là- haut perché, sur je ne sais quel piton. Je ressentais avec peine, toute la douleur du monde, observant silencieusement l'improbable comme l'inadmissible, surveillant chaque éclat comme la résurgence de l'espoir... La nuit s'assombrissait, la lourdeur était de plus en plus prégnante et mes larmes coulèrent abondamment au rythme de ces éclats de sombritude. Je vivais de visu ce que pouvait être l'avenir de cette humanité. Cette réalité fait mal, face à cette éventualité. D'autres fois, c'était comme l'asphyxie de mon âme, quant à cette redoutable vision d'apocalypse, ce renouveau par la purification.

Des voyages, j'en ai fait de très nombreux dans cette fabuleuse béatitude, dans cette expérience de mort provisoire. Souvent, il y avait des zones où l'attirance était une folie extraordinaire, comme si son énergie prenait possession de notre essence en transformant l'intime par le lavement de sa substance, des arrivées invraisemblables où se mélangent surprises et émerveillements, des plateformes d'approche où chacune s'infléchit au son sublime et majestueux.

De part et d'autre, du dessous comme du dessus, la fluorescence énergétique enivre, glorifie chaque parcelle de l'âme. Elle permet de saisir les imposantes cités de lumière qui s'étalent à l'infini...

Parfois, d'autres arrivées furent plus enjouées par la seule présence de l'impensable, ces formes colorées puissantes et intelligentes régentant le flux et le reflux ; chacune d'elles déplaçant dans son sillage de mille et mille scintillements faits d'éclats lumineux, se dispersant autour d'elles comme des essaims.

Ces merveilleux moments permanents peuplent ma vision et font de moi un simple récepteur ouvert. Sans aucun comparatif, je ne pouvais et ne voulais dénaturer cet embellissement. Partager avec des mots justes ce qui est de l'ordre du remarquable, m'est difficile ne trouvant que peu de ressemblances.

Je me prie de traduire cela avec la main, maîtrisant et porté par la force spirituelle de la chronologie temporelle d'un voyage élégant et si stupéfiant. L'écriture au travers de l'Édition devint évidente, cherchant à partager au plus grand nombre, ce qui est encore possible et ce qui est nécessaire aujourd'hui dans notre société en perdition.

La verve prit le dessus et les conjonctions fraternelles s'organisèrent au fur et à mesure de cette avancée spirituelle. Chacune revêtant le saisissement et la rencontre avec des personnes magnifiques ; ces âmes sereines et responsables, auprès des Associations de soutien et d'accompagnement au deuil.

Madame Nicole DRON - Pionnière à dispenser son expérience « E.M.I. », m'ouvrit le chemin. Elle fut la révélatrice de cette importance à partager et à donner l'information pour soulager profondément les peurs ancestrales d'un devenir incertain. Son authenticité à transmettre relève d'un bien-être et de la joie de vivre. C'est en comprenant cela, cette pure verve, que je pris les chemins tel un Colporteur. Chacune de mes conférences me permit d'ouvrir le champ de mon investigation spirituelle et de l'exploration de l'âme humaine. L'audience studieuse et respectueuse offrit à l'écoutant, d'y trouver sa propre résonance.

Parallèlement, je ne cesse de remercier ces personnes investies dans l'accompagnement au deuil.

Au tréfonds de mon « Tabernacle », se construisait pendant ces années de déréliction, une étincelle vivace qui reprenait de plus en plus ses droits, son éclat.
Elle subsistait depuis tellement longtemps qu'il me fallut énormément de temps pour l'entendre, la ressentir et la comprendre.

Je restais dans l'attente de la bienveillance de l'Amour, mais qui passe auparavant par la désolation, la douleur, la morsure du doute et du temps...
Les moments s'égrenant de façon illusoire, l'apparence de l'amour voilant sa face, je préférais la patience en attendant l'alter-amour et ses retrouvailles nanties de vérités.

Puis vint, l'éclairement où tout devint limpide, clair et sans aucun doute. Il s'agissait pour moi de comprendre cette élévation venant du tréfonds, pour admettre l'impensable, le retour à la redécouverte de ce que j'avais enfoui depuis si longtemps.

Lettre de « Reconnaissance »

Cette lumière brille. Elle est étincelante d'Éternité, sans tromperie sensuelle, sans chagrin inapaisé. Par la justesse de cette puissance, de par sa pureté originelle, de par son essence géminée faite de merveilleux et surtout de cette ascension vers la reconnaissance de ce qui est indéfectible.

L'Amour au-delà de toute compréhension, celui que l'on n'attend jamais ou plus. L'Amour universel partagé et compris avec l'autre.

Ce cadeau divin me fut alors offert, il y a quatre ans. Celui des retrouvailles avec mon amoureuse d'il y a trente-trois ans, avec laquelle j'avais vécu trois années merveilleuses d'Amour avant de nous en détacher, pour expérimenter l'un et l'autre séparément des vies.

Comme une évidence dans cette promesse d'Amour, notre Union Mariale a été célébrée tant au niveau terrestre que Céleste, en ce beau et grand Jour du mois de septembre 2018. La reconnexion à l'âme sereine et à l'âme sœur prit alors tout son sens. Elle est enjolivée par cette révélation d'Amour. Elle prend soudain son essor tant attendu, vers le merveilleux, pour qu'enfin ENSEMBLE nous puissions le vivre.

Aujourd'hui, dans l'harmonie et la complétude, nous œuvrons tous les deux sur le chemin de l'Amour, dans le soulagement des âmes en peine.

Le flux et le reflux de la croyance en ce qui est possible pour TOUS, ouvrent ou ferment des perspectives où chacun sera face à son image, pour se déterminer comme plus rien après la mort ou unique pour vivre autrement.

Mais, si tout cela n'est qu'illusion pour certains, alors malgré tout, je me supplie avec force de favoriser pour eux et encore plus, ce champ éternel de l'Amour, pour que nous humains, retrouvions notre chemin vers cette essence indéfectible qu'est l'Amour.

C'est dans ces simples phrases, enveloppantes de réalité, que je termine cette lettre, pour permettre à l'Espoir de faire sa prospection, sa bienveillance, car seul et lumineux au bout de tout, l'Amour est ce qui demeurera.

Introduction

Tous les problèmes d'une existence difficile résident dans le processus de pensée de l'homme lui- même ! Ce n'est seulement que « l'état de conscience » des gens -c'est à dire leurs pensées, paroles, sentiments et actions qui a créé une barrière dense entre leur conscience et la Conscience Universelle, Créatrice, interpénétrant l'univers en chaque feuille, arbre, insecte, oiseau, animal et être humain.

Il est des lois de l'existence qui gouvernant l'aptitude humaine, créent de nouvelles circonstances et un nouvel environnement, des relations, la réussite ou l'échec, la prospérité ou la pauvreté.

Ce que l'homme CROIT profondément être, bon ou mauvais, il le deviendra.

Ce que l'homme CRAINT que d'autres ne lui fassent, ainsi lui feront-ils.

Ce que l'homme ESPERE que d'autres lui feront, il doit d'abord le leur faire, puisqu'il crée alors un « modèle de conscience » qui reviendra le favoriser dans la mesure où il aura favorisé les autres.

Quelque maladie que l'homme APPREHENDE, il en sera la victime car il aura créé un « modèle de conscience » de la dernière chose qu'il souhaite vivre. Tout ce qui émane du cœur et de l'esprit de l'homme lui revient en son temps sous une forme ou une autre, mais n'oubliez pas que toute chose engendre toujours son pareil ! Des pensées fortement empreintes d'émotion chez un homme, sont des « semences de conscience » plantées dans son champ de conscience. Elles croîtront, produisant une moisson identique à ce qu'il aura semé ». (Lettres du Christ - lettre 1) …

Au nom de Marie ! Ce nom vous rappelle la dévotion que la religion catholique a pour Elle, soyez rassurés pour autant par ce qui va suivre, cette affirmation servira vos pensées spirituelles, sans pour autant mettre en difficulté vos croyances.

Au nom de Marie ne veut pas dire : par Elle, je vais…

Non, je ne suis pas présomptueux.

Sans vouloir bouleverser les convictions de chacun d'entre nous, je souhaite vous faire partager en ces temps de troubles, une autre réalité que peu de personnes ressentent : celle de la déception qui engendre un profond bouleversement dans la conscience humaine, celle d'une grande contrariété.

Nous sommes arrivés à l'orée d'un changement durable qui va conduire notre genre humain vers de grandes difficultés d'appréhension d'un avenir plus qu'incertain, un devenir fait d'obscurantisme qui stigmatise actuellement notre société.

Notre quotidien aujourd'hui témoigne de nos incertitudes, de nos doutes, de nos pertes, de nos craintes, de nos souffrances et de nos appréhensions.

Parler de ma rencontre avec cet emblème est une gageure. Son aura et sa symbolique, son image et sa représentation m'oblige à l'humilité et à la prudence.

Cette entrevue incroyable et essentielle ne peut être relatée que dans le plus grand respect et sa complexité m'empêchait de la partager. Comme dit précédemment, en l'enfouissant ainsi dans ma mémoire, je me suis interdit durant de longues années de divulguer cet événement. Je voulais le protéger de toutes contraintes.

Néanmoins, j'y faisais allusion au cours de mes conférences, espérant qu'aucune question précise ne me mette en difficulté et me contraigne à apporter des preuves.

Ce moment si particulier qu'est l'après-mort, enrichi d'une telle illumination m'incite à ne pas le partager. L'incompréhension que je pressens dans mon entourage, me pousse à taire cette rencontre.

Lors d'entretiens personnels avec des personnes sensibles et ressentant cette palpitation si particulière en moi et cet attachement représentatif, j'ai compris que le moment était venu de livrer ces moments sublimes, cette profondeur spirituelle qui m'habite au quotidien.

Revenir sur un événement datant de plusieurs années est étrange, mais ce souvenir ancré dans ma mémoire rejaillit comme si c'était hier, quelques secondes auparavant... Je souhaite juste apporter des éclaircissements très simplement, déposer cet attachement dans ces phrases, en respectant le domaine privé de chacun. Ce moment m'appartient, mais il est tellement criant de vérité, d'identité idéologique, qu'il ne doit rester exclusif.

Après tant d'années, je suis persuadé qu'il ne peut s'agir d'une illusion tant ma certitude est inébranlable. Tous ces silences illuminés d'amour, ces réveils empreints de la douceur de ce bercement maternel remplissaient mes journées d'une béatitude indéfinissable.

Je ressentais chaque effluve d'amour comme la caresse d'une joie soutenue, un regard toujours posé sur moi, chargé de confiance et d'un amour inimaginable. Il ne s'agit pas d'un fantasme, d'une envie ou d'un désir irraisonné, c'est une sensation réelle aussi forte que ma propre réalité.

Notre mémoire spirituelle, celle qui anime notre âme et notre réalité, procède du même mécanisme. Les paysages rencontrés appartiennent à mon album de photos personnelles. La silhouette de Marie, son visage, ses yeux, ses bras qui m'ont enlacé, restent ancrés dans cette mémoire ; aucun privilège ou faveur, juste une opportunité extraordinaire liée à un « accident hémorragique faisant suite à une intervention cardio-chirurgicale ».

Il n'y a aucune illusion, tant sa présence en moi est quotidienne, tant je ressens et revis ces moments extraordinaires. C'est un cadeau d'amour.

Sa présence en moi est quotidienne et je revis sans cesse ces moments extraordinaires. Je n'ai pas l'intention de vous apporter des preuves concrètes car elles n'existent que dans mon ressenti et j'ai l'espoir que vous m'accorderez votre confiance :

Il n'y a que vérité qui fasse ressentir ce qui est impossible…

J'ai relaté dans deux ouvrages cette expérience de mort imminente. Les lecteurs ont pu apprécier le vocabulaire employé afin de s'approcher au plus près de ce voyage. Ils ont perçu en profondeur le sens de chacun des mots et des phrases avec leur propre ressenti, redynamisés à chaque relecture. C'est comme un renouveau, une montée spirituelle.

Les scientifiques qui ont accepté la possibilité d'une vie après la mort et d'une conscience existant en dehors de l'enveloppe corporelle, ont conforté la conviction de la réalité que j'ai vécue. Cette expérience ne m'appartient pas, elle fait partie de l'aventure humaine.

Aujourd'hui, il m'apparaît indispensable de partager une telle aventure car elle procure non seulement du soulagement, mais aussi un espoir au regard de notre avenir si fragile.

Vivre cette expérience de mort provisoire m'a permis d'apprivoiser la mort et son après : un voyage d'une dimension incroyable afin de transmettre à chacun la vision de ce qu'il découvrira au moment de mourir et de quitter l'habit de matière.

Une certitude nouvelle, ne plus avoir peur de mourir, m'a habité au retour de cette expérience. Quelque chose d'inimaginable existe bien après cette vie terrestre faite tout autant de beauté que de douleurs profondes.

Je me sens investi d'une mission : soulager et apporter cette évidence qu'il existe bien quelque chose après la mort à ceux qui sont prêts à l'entendre.

Les faits qui vont suivre, vous paraîtront très étranges à la lecture mais vous serez touchés par leur sincérité.

Je dois maintenant aller plus loin dans cette expérience.

Quand je suis arrivé dans les plans supérieurs que je venais juste d'admirer, je fus confronté à une surprenante surprise. C'est la rencontre la plus imprévisible et la plus extraordinaire, pour moi, elle me donna la conviction qu'une force spirituelle m'accompagnait. Celle-ci fait partie des plus importantes que j'ai vécu dans cette expérience.

Aujourd'hui, le moment est venu de faire naître cette espérance et cet amour dans notre monde défaillant.

L'écrire jusqu'à présent ne me tentait pas. Mais l'urgence à présent s'impose. Ce fût laborieux quand l'envie me prenait, mais rien n'était limpide dans mon esprit. Je ressentais cette force, mais les mots me manquaient pour décrire l'exactitude de cette rencontre. Ce n'était juste pas encore le moment, je ne trouvais pas le moyen de relier les mots et l'image. J'ai compris que je devais encore patienter.

Puis vint la profonde envie de me relier à Marie, c'est ce que j'appelle « le flamboiement spirituel » : c'est un état provoqué par des expériences que j'appelle « Retour à soi *» ; elles délivrent avec force et conviction une réalité consciente dans laquelle votre intuition délivre des sentiments profonds et imagés d'une incroyable douceur, afin d'y puiser raison et motivation.

Ces « Retour à soi * » notables me procurent une émotion très particulière et c'est cette profonde connexion à Marie qui m'amène à verser beaucoup de larmes.

Être dans cet état, est magnifique et déconcertant. Il faut le vivre souvent, pour le comprendre. C'est cela qui signifie pour moi le « flamboiement spirituel ».

Ce qui va suivre est la continuité de ces instants sublimes vécus lors de cette mort provisoire… Je reprends le cheminement de mon périple au sommet de la gloire spirituelle, le moment d'une rencontre sur un des plans emblématiques : L'échange avec Marie.

* Aujourd'hui je partage ces expériences du « Retour à soi », ce sont des rencontres que j'organise autour d'un environnement sonore et suggestif, qui amènent un groupe de personnes à vivre une profonde introspection spirituelle, un aperçu de ce qu'est l'Au-delà. Toutes indépendantes, elles maitrisent leurs propres parcours. Pour la plupart, elles en ressortent remplies de bienveillance, ces séances en 3 niveaux durent 1h40, 1h50 et 1h45mn

Au nom de Marie !

Un moment de mystère, un moment gardé au fin fond de mes mémoires, caché et voilé pour que personne ne vienne troubler cette intimité voulue et protégée.

Ce fût ainsi pendant plus de quinze années où chaque soir avant de m'endormir, je me remettais dans les bras de Marie ; bercé par tant d'Amour, si bien que mes nuits ne furent que des joyaux où mon âme en s'échappant de ce corps de matière, allait se baigner dans de merveilleuses fontaines de certitudes.

Je ne pouvais transmettre, parler et partager ces moments qui là-haut furent pour moi les plus beaux instants de cette expérience. Je ne pouvais que flirter, caresser ce moment, uniquement par des formes d'allusion si volontairement dissimulées.

Prendre le parti de Marie dans ce que je pouvais transmettre en conférences, m'aurait très vite mis sur le banc des illuminés ou mythomanes... Pourquoi ?

La principale raison est que pour la majorité des gens, cela est invraisemblable. Pour eux, on ne peut pas approcher ce genre de personnification, sans être soi-même reconnu comme catholique fervent et chrétien éclectique... Dans cette idéologie, nul ne peut prétendre être reconnu par une représentation si importante et ainsi détenir toute vérité, s'il n'est pas reconnu par ses Pairs.

Regardons de près chaque apparition. Combien de combats a-t-il fallut mener pour convaincre l'Église, qu'effectivement la Vierge Marie est bien venue au contact de Bernadette à Lourdes, des enfants de Fatima, de Pellevoisin, de La Salette, de Pontmain, de l'Ile Bouchard pour ne citer que ces villes et villages de France.

Faut-il toujours l'approbation des Papes et leur factotum, pour avaliser ces évènements majeurs ? Là est bien l'erreur qu'applique la volonté humaine aux improbables rencontres religieuses.

Pourquoi souvent, Marie s'adresse-t-elle au plus simple d'entre nous et non aux dirigeants de ce monde ? Parce que sa volonté en est ainsi :

C'est dans sa plus simple humilité et dans son plus simple dénuement que le véritable Amour existe, l'Amour Divin.

Pourquoi intervient-Elle dans ce monde si peu glorieux ?

Pour répondre à cette question, il faut comprendre la véritable Nature de Marie dans l'Au-delà. Il n'y a aucune obligation, aucun assujettissement de Sa part quant aux nécessités d'apparitions. Marie, est aussi humble et aussi dénuée que la petite âme qui gravite autour d'Elle. Mais Elle est habitée par la richesse incommensurable de l'Amour inconditionnel.

Cette excellence est faite d'intercessions divines et christiques.

Elle n'est pas sur des piédestaux inaccessibles, perchée si haut que nul ne peut l'atteindre. Marie est auprès de chaque âme pour la soutenir, l'aider et la dorloter… Voilà cette réalité qui dans l'Au-delà anime nos « quotidiens ». Cette énergie mariale est si importante qu'elle déborde même les horizons les plus lointains qui se situent aux confins de l'infini. Vous ne pouvez pas imaginer la puissance que cela représente et cette faculté de se joindre à vous, afin d'égaliser votre âme à la conscience de l'Amour. Voilà ce qu'est Marie, la Vierge Marie …

Et aussi, voilà pourquoi il me fut très difficile de vous rapporter cette rencontre, car votre jugement est souvent sans appel. Je l'ai vécu souvent, il y a quelques années quand il me fallut entreprendre le partage de cette expérience de mort imminente. Je fus chassé de la « cour » par des jugements hâtifs, qui appliquèrent sur moi l'opprobre de mes frères et de mes sœurs. Entendre le jugement et chassé comme « diseur de mensonges ».

Il me fallut beaucoup de prudence pour avancer certaines affirmations et certaines idées de changements.

Cette « cour » faite de savants spirituels avec ce regard si étroit et cette façon égotique de détenir la vérité, ne peut que défendre ses acquis, cette « cour » où chacun défend son fanion, parce que nul ne peut approcher la souffrance, parce que non vécu.

Alors que Marie insuffle à chacun d'entre nous l'humilité et la tolérance.

Ne serait-il pas mieux d'envisager de rendre à Marie la réponse qu'elle attend de nous ?

L'Amour pour soi, l'Amour pour l'autre et l'Amour de l'autre …

L'Au-delà n'est pas ce que l'on croit… Ce qui va suivre tout au long de ce livre, risque de vous transformer. Cela est fait pour le bien de votre Vie.

C'est bien plus que cela … C'est simplement la réalité de l'Amour.

Reprenons le cours de ce voyage décrit dans mes deux derniers ouvrages, afin d'approcher le niveau adéquat de ces plans Divins que je vais maintenant vous décrire.

L'explorer, c'est aussi s'allier à une réalité terrestre. C'est « au-dessus des choses » et ces choses sont bien réelles.

Avec mes trois accompagnants, je fais face à cette sphère d'une beauté sans qualificatif. Seules des métaphores et des allégories oniriques pourraient la décrire.

Si le mot Lumière est souvent déprécié sur Terre, ici il prend tout son sens dans un registre de somptuosité. Cette mosaïque de luminescence, ces êtres d'une beauté incroyable, me rappellent la vision parabolique de certains de nos artistes. Les âmes dévotieuses occupant ces cités, déploient leur éclat et fortifient ainsi leur pouvoir attractif. La liesse qui s'en dégage, rythme la vie de ces sphères et témoigne d'un caractère authentique.

L'esprit divin plane sur ces échanges vibratoires.

Cette révélation Divine m'emplit de courage, de joie et de quiétude. Mon exaltation est alors en parfaite adéquation avec l'Amour que je reçois. Il est difficile de prendre véritablement conscience de ces moments-là, tant je me sens humble. Seule l'âme purifiée permet d'accéder à cette révélation ; jouir de ces instants privilégiés a été un cadeau inouï.

Tout est aisance et bienveillance dans ces lieux. Un climat de confiance vous enveloppe de sa douceur. La nature et ses paysages, les cités et leurs communautés, tout concourt à donner ce sentiment de félicité.

Avant de poursuivre ma route vers des contrées plus élevées, je fais face à des contradictions et des belligérances pour comprendre le vrai sens des mots, et celui qui revient le plus souvent est le mot « Fin »… Une cause ? Une chute vindicative ? Pour le comprendre, ils m'invitent à cette nouvelle exploration.

Traduire par des mots ce qui va suivre, par un ensemble de ressentis pour lequel notre merveilleuse langue ne suffit pas, est à nouveau une gageure.

Quel message me transmet-on ?

Avant de partager cette rencontre avec Marie, il est important pour moi de comprendre, de chercher à expliquer ce que nous sommes devenus, ce que nous aurions dû être et ainsi, envisager avec vous, notre avenir en témoignant de certains récits.

Les conflits spirituels ont toujours existé. L'Amour Divin les consent, dans la mesure où ils permettent la confrontation, la réalité du mal et la possibilité aux âmes de faire leurs propres choix.

Les mondes naissants sont toujours un terrain propice au Mal, mais le temps joue en faveur du Bien. Dans cette élaboration Divine, des mondes deviennent des territoires souillés, impactés par la perversion des générations qui s'y sont succédées en y imposant un passéisme empêchant tout renouveau.

Malheureusement, les civilisations intolérantes reproduisent inlassablement leurs penchants belligérants. Les montées nationalistes, la mondialisation des hostilités sont des signes importants pour un changement radical, mais mal compris. Ils sont issus de cette récurrence guerrière et s'affirment comme les témoins d'une dégénération d'une civilisation.

Les luttes partisanes alimentent ce souffle du mal et les peuples tombent sous cette emprise maléfique. Notre civilisation humaine en témoigne et chaque basculement a favorisé l'avènement des despotes et des tyrans pour un chaos assuré.

Les peuples manipulés et trahis par leurs souverains successifs, sont tombés peu à peu dans la débauche et l'égocentrisme.

L'humanité aujourd'hui n'a plus qu'un seul objectif renforcé par l'influence grandissante des lobbys : assouvir sa soif de puissance et d'argent. Le Dieu argent, que j'appelle « l'antéchrist » est depuis un siècle, l'idole de beaucoup d'entre nous.

Malgré de nombreux avertissements, l'Humanité terrestre est à bout de souffle. Elle est en attente d'un changement radical d'orientation et elle espère malgré tout un secours inattendu venu de nulle part.

Nous sommes à l'orée de ce changement. Il ne viendra pas de l'intérieur car il ne faut plus compter sur nos politiciens pour amener cette innovation philanthropique.

Non, ce bouleversement irréversible viendra de là où on ne l'attend pas, d'une façon inimaginable, imprévisible et inespérée. L'acte d'Amour envers notre Terre sera d'une telle puissance que peu d'humains ne pourront le comprendre et l'assimiler. C'est au-delà du plus fertile imaginaire, loin de tout concept spirituel et physique.

Notre humanité, doit se préparer à quelque chose de grandiose, à une révolution spirituelle jamais connue et jamais élaborée.

Tout changement fondamental génère la perte. Elle sera innombrable et sera de l'ordre de la jouissance matérielle, du concept philosophique, social, politique, mais aussi des dogmes idéologiques. Les représentations « pyramidales » qui ont généré ce désarroi humaniste de toutes formes et de toutes pensées, disparaîtront pour toujours.

C'est bien autre chose qui sera dressé comme flambeau de la destinée, non par la force, mais par la conviction.

La Terre deviendra une planète préparée pour l'élévation spirituelle, une éloquence qui ébranlera tous les acquis de la science et des systèmes institutionnels.

Cette nouvelle Humanité avec véhémence comprendra l'intérêt de ce renouveau et les erreurs passées liées à l'obscurantisme des gens de pouvoir seront analysées avec des réflexions impartiales et permettront ainsi les vraies victoires de l'intelligence humaine.

Cette renaissance, ce secours d'ailleurs renforcent à jamais l'Amour dans son accomplissement. L'Humanité terrestre se verra admise aux savoirs scientifiques et spirituels d'autres civilisations et participera ainsi à l'élan de la Fraternité Universelle.

Ceci est pour demain.

En attendant, nous devons nous préparer à cette éventualité qui de toute manière est une œuvre d'Amour perpétrée avec intelligence et respect, afin que chacun se détermine, chacun des sept milliards et demi d'humains concernés.

Ce qui se prépare

Ils étaient des précurseurs, des visionnaires qui ont jalonné leur vie de paroles divines et qui ont marqué leur passage sur Terre. Ces Maîtres spirituels ont annoncé non pas des prophéties, mais des paroles d'Amour qui mettent en garde sur l'inversion de l'Amour. Dans leurs écrits, dans leurs conférences, ils annoncent conjointement la fin d'une époque qui étrangement correspond à notre quotidien… Soixante-dix ans auparavant, ces Maîtres ont détaillé avec précision les effets de cette inversion, par le constat que l'on peut voir aujourd'hui, par la perte de l'espérance et la généralisation du désarroi.

- Peter Deunov

Ci-après, je partage ce texte publié par Olivier de Rouvroy transcrivant ainsi les propos de Peter Deunov qui en 1944, juste avant de partir dans l'autre monde, signifiait le « temps de la fin». *(Propos sur l'Avenir – 1944)*

- Chico Xavier

Et conjointement Chico Xavier, confiant à ses proches, mais aussi dans l'une de ses dernières conférences, que le temps nous était compté, que la date limite de ce grand changement annoncé était pour bientôt. Cinquante ans après le premier pas sur la lune en juillet 1969, c'est-à-dire en 2019, début de ce grand bouleversement.

Coïncidence de deux visionnaires de la même époque ?

- L'un, simple sage Bulgare, auteur et musicien humble, un grand Maître spirituel, qui a fait de sa vie une véritable exception spirituelle, considérée à l'époque par beaucoup comme le renouveau d'une doctrine idéologique et méthodologique.

- L'autre, grand médium brésilien, humble et spirituel aussi. Médium le plus célèbre de son époque, auteur de plus de 460 livres, il a permis le développement spirituel du Brésil. Il a été reconnu comme tel par l'Assemblée nationale des députés brésiliens en 2002.

Par rapport à Peter Deunov, Albert Einstein, homme de science, mais aussi un être profondément spirituel père de la « Relativité générale », fasciné par ce personnage hors du commun, a déclaré un jour : « Le monde s'incline devant moi, mais moi, je m'incline devant le Maître Peter Deunov ! »

Omraam Mickaël Aïvanhov (ésotériste bulgare, fondateur de la Fraternité blanche universelle) **disant de Peter Deunov** :

« C'est donc sur la demande du Maître Peter Deunov que je suis venu en France [22 juillet 1937] pour continuer à faire vivre son enseignement. Bien sûr, il ne m'a pas ordonné de partir, un véritable Maître n'exige pas l'obéissance et la soumission de ses disciples. C'est moi qui ai senti que ce qu'il me demandait était pour le bien, et j'ai accepté. »

Également connu sous le nom spirituel de Beinça Douno, le Maître bulgare Peter Deunov (1864-1944) fut un être d'un très haut niveau de conscience, en même temps qu'un incomparable musicien, qui donna durant toute sa vie un exemple de pureté, de sagesse, d'intelligence et de créativité. Établi pendant des années près de Sofia où il vivait entouré de nombreux disciples, il a, par son rayonnement, éveillé à la spiritualité des milliers d'âmes, aussi bien en Bulgarie que dans le reste de l'Europe.

Quelques jours avant son départ dans l'autre monde, et alors qu'il était en état de profonde transe médiumnique, il fit une extraordinaire prophétie à propos de l'époque troublée que nous traversons aujourd'hui, du « temps de la fin », et de l'avènement du nouvel Âge d'Or de l'humanité. Voici ce bouleversant testament. Il est d'une actualité si vibrante que l'on en vient à douter que ces paroles aient pu être prononcées il y a près de soixante-dix ans :

Le testament de Peter Deunov

« Au cours des temps, la conscience de l'homme a traversé une très longue période d'obscurité. Cette phase, que les hindous appellent « Kali Yuga » est sur le point de s'achever. Nous nous trouvons aujourd'hui à la frontière entre deux époques : celle du Kali Yuga* et celle de la Nouvelle Ère dans laquelle nous entrons.*

Une amélioration graduelle se produit déjà dans les pensées, les sentiments et les actes des humains, mais tous seront bientôt soumis au Feu divin, qui les purifiera et les préparera en vue de la Nouvelle Époque. Ainsi, l'homme s'élèvera à un degré supérieur de conscience, indispensable à son entrée dans la Nouvelle Vie. C'est cela que l'on entend par « l'Ascension ».

Quelques décennies s'écoulèrent avant que ce Feu ne vienne, qui transformera le monde en y apportant une nouvelle morale.

Cette immense vague arrive de l'espace cosmique et inondera toute la Terre. Tous ceux qui tenteront de s'y opposer seront emportés et transférés ailleurs.

Bien que les habitants de cette planète ne se trouvent pas tous au même degré d'évolution, la nouvelle vague sera ressentie par chacun. Cette transformation touchera non seulement la Terre, mais aussi l'ensemble du Cosmos.

* Le Kali Yuga ou kaliyuga, est le quatrième et actuel âge de la cosmogonie hindoue, les trois autres étant le Krita Yuga, le Trétâ Yuga et le Dvâpara Yuga. Ces quatre âges correspondent à un Mahayuga. Selon la tradition cosmologique hindoue, nous sommes dans le Kali Yuga (l'Age de Fer), qui est le dernier et le plus négatif des quatre cycles – les 4 Yugas – de l'évolution cosmique. Chaque Yuga est comme la saison d'une année super-cosmique, encore plus grande que l'année cosmique de la succession des équinoxes.

La seule et meilleure chose que l'Homme puisse faire maintenant, c'est de se tourner vers le Créateur et, en s'améliorant consciemment, d'élever son niveau vibratoire, afin de se trouver en harmonie avec cette vague puissante qui bientôt le submergera.

Le Feu dont je parle, qui accompagne les nouvelles conditions offertes à notre planète, renouvellera, purifiera, reconstruira tout : la matière sera affinée, vos cœurs seront libérés de l'angoisse, des troubles, de l'incertitude, et ils deviendront lumineux ; tout sera amélioré, élevé ; les pensées, sentiments et actes négatifs seront consumés et détruits.

Votre vie actuelle est un esclavage, une prison pesante. Comprenez votre situation et libérez-vous-en ! Je vous le dis : sortez de votre prison ! Il est vraiment désolant de voir tant d'égarements, tant de souffrance, tant d'incapacité à comprendre où se trouve votre véritable bonheur.

Tout ce qui est autour de vous va bientôt s'écrouler et disparaître. Il ne restera plus rien de cette civilisation ni de sa perversité ; toute la Terre sera secouée et plus aucune trace ne subsistera de cette trompeuse culture qui maintient les hommes sous le joug de l'ignorance.

Les tremblements de terre ne sont pas seulement des phénomènes mécaniques. Ils ont aussi pour but de réveiller l'intellect et le cœur des Humains, afin qu'ils se libèrent de leurs erreurs et de leurs folies et qu'ils comprennent qu'ils ne sont pas seuls dans l'univers.

Notre système solaire traverse maintenant une région du Cosmos où fut autrefois détruite une constellation qui y a laissé son empreinte, sa poussière. Cette traversée d'un espace contaminé est une source d'empoisonnement, non seulement pour les habitants de la Terre, mais pour tous les habitants des autres planètes de notre galaxie. Seuls, les soleils ne sont pas affectés par l'influence de cet environnement hostile. Cette région se nomme "la treizième zone" ; on l'appelle aussi "la zone des contradictions". Notre planète y est restée enfermée durant des milliers d'années, mais nous approchons enfin de la sortie de cet espace de ténèbres, et nous sommes sur le point d'atteindre une région plus spirituelle, où vivent des êtres plus évolués.

La Terre suit maintenant un mouvement ascendant et chacun devra s'efforcer de s'harmoniser avec les courants de l'Ascension.

Ceux qui refusent de se soumettre à cette orientation perdront l'avantage des bonnes conditions qui leur sont désormais offertes pour s'élever. Ils resteront en arrière de l'évolution et devront attendre des dizaines de millions d'années, la venue d'une nouvelle vague ascendante.

La Terre, le système solaire, l'Univers, tout se meut dans une nouvelle direction sous l'impulsion de l'Amour. La plupart d'entre vous considèrent encore l'Amour comme une force dérisoire, mais en réalité, c'est la plus grande de toutes les forces ! L'argent et le pouvoir continuent à être vénérés comme si le cours de votre vie en dépendait. À l'avenir, tout sera subordonné à l'Amour et tout le servira.

Mais c'est à travers les souffrances et les difficultés que la conscience de l'homme va devoir s'éveiller.

Les terribles prédictions du prophète Daniel écrites dans la Bible, se rapportent à l'époque qui s'ouvre. Il se produira des inondations, des ouragans, des incendies gigantesques et des tremblements de terre qui balayeront tout.

Le sang coulera en abondance. Il y aura des révolutions ; des explosions terribles retentiront en de nombreuses régions de la Terre. Là où est la terre viendra l'eau, et là où est l'eau viendra la terre...

Dieu est Amour ; et pourtant il s'agit bien là d'un châtiment, d'une réponse de la Nature contre les crimes perpétrés par l'Homme depuis la nuit des temps contre sa Mère, la Terre.

Après ces souffrances, ceux qui seront sauvés –les élus– connaîtront l'Âge d'Or, l'harmonie et la beauté illimitée. Gardez donc votre Paix et votre Foi quand viendra le temps de la souffrance et de la terreur.

Pas un cheveu ne tombera de la tête du juste.

(Peter Deunov)

Ne vous découragez pas ; poursuivez simplement votre travail de perfectionnement personnel.

Vous n'avez aucune idée de l'avenir grandiose qui vous attend.

Une Nouvelle Terre verra bientôt le jour. Dans quelques décennies, le travail sera bien moins astreignant, et chacun aura du temps à consacrer à des activités spirituelles, intellectuelles et artistiques.

La question des rapports entre l'homme et la femme sera enfin résolue dans l'harmonie : l'un comme l'autre aura la possibilité de suivre ses aspirations.

Les relations des couples seront fondées sur l'estime et le respect réciproques.

Les humains voyageront à travers les différents plans et franchiront les espaces intergalactiques. Ils étudieront leur fonctionnement et seront rapidement en mesure de connaître le Monde divin, de fusionner avec la Tête de l'Univers.

La Nouvelle Ère est celle de la sixième race. Votre prédestination est de vous préparer à l'accueillir, à la vivre. La sixième race se construira autour de l'idée de Fraternité. Il n'y aura plus de conflits d'intérêts personnels ; la seule aspiration de chacun sera de se conformer à la Loi de l'Amour.

La sixième race sera celle de l'Amour. Un nouveau continent sera formé pour elle. Il jaillira du Pacifique, pour que le Très Haut puisse enfin établir sa demeure sur cette planète.

Les fondateurs de cette nouvelle civilisation, je les appelle "Frères de l'Humanité" ou encore "Enfants de l'Amour". Ils seront inébranlables dans le bien et ils représenteront un nouveau type d'hommes. Les hommes formeront une famille, comme un grand corps, et chaque peuple représentera un organe de ce corps.

Dans la nouvelle race, l'Amour sera manifesté d'une manière tellement parfaite, que l'homme actuel ne peut encore qu'en avoir une idée très vague.

La Terre reste un terrain propice aux luttes, mais les forces ténébreuses vont reculer et elle en sera libérée. Les humains, voyant qu'il ne reste plus d'autre chemin, s'engageront dans celui de la Nouvelle Vie, celui du salut.

Dans leur orgueil insensé, quelques-uns continueront jusqu'au bout à espérer continuer à mener sur la Terre une vie que l'Ordre Divin réprouve, mais chacun finira par comprendre que la direction du monde ne lui appartient pas.

Une nouvelle culture verra le jour, qui reposera sur trois principes directeurs : l'élévation de la femme, l'élévation des humbles, des faibles, et la protection des droits de l'homme.

La Lumière, le bien et la justice triompheront ; ce n'est qu'une question de temps.

Les religions doivent être purifiées. Chacune renferme une particule de l'Enseignement des Maîtres de la Lumière, mais obscurcie par l'apport incessant des déviations humaines.

Tous les croyants auront à s'unir et à se mettre d'accord sur un principe, celui de placer l'Amour comme base de toute croyance, quelle qu'elle soit. Amour et Fraternité, c'est cela la base commune !

La Terre sera bientôt balayée par les ondes extraordinairement rapides de l'Électricité cosmique. D'ici quelques décennies, les êtres mauvais et fourvoyés ne pourront supporter leur intensité. Ils seront alors absorbés par le Feu cosmique qui consumera le mal qui les possède. Puis, ils se repentiront, car il est écrit que « chaque chair glorifiera son Créateur ».

Notre mère, la Terre, se débarrassera des hommes qui n'accepteront pas la Nouvelle Vie. Elle les rejettera comme des fruits avariés. Ils ne pourront bientôt plus se réincarner sur cette planète ; les esprits criminels non plus. Seuls resteront ceux qui posséderont l'Amour en eux.

Il n'est plus d'endroit sur la Terre qui ne soit souillé de sang humain ou animal. Il faut donc qu'elle subisse une purification.

Et c'est pour cela que certains continents actuels seront immergés, alors que d'autres surgiront.

Les hommes ne se doutent pas de quels dangers ils sont

menacés. Ils continuent à poursuivre des objectifs futiles et à rechercher le plaisir. Ceux de la sixième race seront au contraire conscients de la dignité de leur rôle et respectueux de la liberté de chacun. Ils se nourriront exclusivement des produits du monde végétal. Leurs idées auront le pouvoir de circuler aussi librement que l'air et la lumière de nos jours.

Les paroles "Si vous ne naissez de nouveau..." s'appliquent à la sixième race. Lisez le chapitre 60 d'Esaïe. Il se rapporte à la venue de la sixième race, la Race de l'Amour. (Jérusalem restaurée - Accroissement et gloire du peuple de Dieu)

Après les Tribulations, les hommes cesseront de pécher et retrouveront le chemin de la vertu. Le climat de notre planète sera partout modéré et les variations brutales n'existeront plus. L'air redeviendra pur, de même que les eaux.

Les parasites disparaîtront. Les hommes se souviendront de leurs incarnations passées et ils éprouveront le plaisir de constater qu'ils sont enfin libérés de leurs anciennes conditions.

De même que l'on débarrasse la vigne de ses parasites et de ses feuilles mortes, ainsi agissent les Êtres évolués pour préparer les hommes à servir le Dieu de l'Amour. Ils leur donnent de bonnes conditions pour croître et se développer et, à ceux qui veulent bien les entendre, ils disent : "Ne craignez rien ! Encore un peu de temps et tout va s'arranger ; vous êtes sur la bonne route.

Que celui qui veut entrer dans la Nouvelle Culture étudie, travaille consciemment et se prépare.

Grâce à l'idée de Fraternité, la Terre deviendra un lieu béni, et cela ne tardera pas. Mais auparavant, de grandes souffrances seront envoyées pour réveiller les consciences. Les péchés accumulés durant des milliers d'années devront être rachetés. La vague ardente émanant d'En Haut contribuera à liquider le karma des peuples.

La libération ne peut être davantage remise. L'humanité doit se préparer pour les grandes épreuves inéluctables qui viennent et qui apporteront la fin de l'égoïsme.

Sous la Terre, quelque chose d'extraordinaire se prépare. Une révolution grandiose et absolument inconcevable se manifestera bientôt dans la nature. Le Créateur a décidé de redresser le monde, et il va le faire ! C'est la fin d'une époque ; un nouvel ordre va se substituer à l'ancien, un ordre dans lequel régnera l'Amour sur la Terre. » Peter Deunov – (Propos sur l'Avenir – 1944) Transcription : Olivier de Rouvroy

En découvrant ce texte, je comprends pourquoi il résonne si fortement en moi : il fait écho aux informations que j'ai reçues dans cette antichambre du monde de la quintessence. Je sais qu'il se prépare quelque chose de dramatique pour la Terre. Cette violence au cœur de beaucoup d'hommes, est devenue intelligente, subtile et asservissante. Quand la montée humaniste s'exprimera pleinement, ce sera alors le signe d'un grand chambardement. La vague de fond surgira quand les hommes prendront conscience de la manipulation dont ils ont été les victimes consentantes.

« La société moderne engendrera l'apothéose de l'argent, ils seront ivres de reconnaissance car l'ange bienfaiteur fera office

de sagesse par des changements bien orchestrés pour ne servir que les puissants. Ce sera le monde de l'antéchris

Dans ce monde, il y aura beaucoup de dommages pour l'ensemble et pourtant la « bête » se meurt, pour qu'enfin renaisse l'espoir et la vie… Ce qui signifie la fin de la complaisance et de la matérialité prosaïque.

Le regain de ces peuples meurtris sera ce retour à la liberté de la vie ». Message reçu - V. Hamain – Facebook

Ce monde sera altéré inévitablement, mais c'est un passage obligé pour que cette « bête » meure et que l'espoir et le retour à la liberté refassent surface.

En écrivant ces phrases aujourd'hui, je suis pris dans la tourmente du visionnaire, tiraillé malgré moi, assailli de doutes. Mais je dois comprendre et accepter les dommages collatéraux engendrés.

Le pardon divin existe-t'il, ou vient-il logiquement après tant de souffrances et de somnolences ?

Il s'agit de plus d'un tiers de l'humanité, c'est énorme et cela fait peur. Qui restera et qui partira ?

Je ne retiens que cette phrase ci-après pour répondre à cette question :

Car il est écrit que :

« Pas un cheveu ne tombera de la tête du juste »

Mais qu'entend-on par « juste » ?

Dans la religion hébraïque, le mot « juste » vient du Talmud (traité Baba Batra, 15 b).

Le mémorial Yad Vashem, situé à Jérusalem, décerne le titre de Juste des Nations, aux non-Juifs qui pendant la Seconde Guerre mondiale et la Shoah, ont aidé des Juifs en péril, au risque de leur propre vie, sans recherche d'avantages d'ordre matériel ou autre. Il est attribué sur la foi de témoignages des personnes sauvées ou de témoins oculaires et documents fiables :

- Héberger un juif chez soi, ou dans des institutions laïques ou religieuses, à l'abri du monde extérieur et de façon invisible pour le public.

- Aider un juif à se faire passer pour un non-juif en lui procurant des faux papiers d'identité ou des certificats de baptême (délivrés par le clergé afin d'obtenir des papiers authentiques).

- Aider les juifs à gagner un lieu sûr ou à traverser une frontière vers un pays plus en sécurité, notamment accompagner des adultes et des enfants dans des périples clandestins dans des territoires occupés et aménager le passage des frontières.

- Adoption temporaire d'enfants juifs (pour la durée de la guerre) ».

Voilà comment j'interpréterai cette phrase :
Si vous accueillez l'amour, alors n'ayez crainte ; regardez toujours vers le haut, le bas est ébranlé... C'est dans les cieux qu'existe l'espoir.

Maintenant au regard de ce j'ai écrit préalablement, sur ces messages de ces deux précurseurs spirituels, la suite est représentée dans ce voyage, ce voyage intra spirituel...

Son embellissement est significatif de ce qui nous attend tous.

La sphère des contemplations

Nous continuons notre reconnaissance sur d'autres versants de ces plans vibratoires. Ma curiosité s'accroît au rythme de mes attentes. L'inattendu s'offre à moi.

Projeté dans cette suite de plans innombrables, j'éprouve de plus en plus d'appréhension et leur réalité face à une telle ampleur, m'échappe.

Plus les changements énergétiques se produisent, plus les vibrations deviennent subtiles. Une onde toute particulière m'envahit, complètement inconnue malgré tout le ressenti extraordinaire dans lequel je baigne depuis mon arrivée.

Ici le silence s'impose, étroitement lié à la tranquillité des lieux. J'ai l'impression d'avoir franchi une frontière. Les mots me manquent pour traduire ce que j'éprouve. La puissance vibratoire prédomine. Je discerne un ensemble de formes imprécises. Et il y a ce magnétisme, cette attraction...

Tout est figé. Mes compagnons ne sont plus à mes côtés. Tellement absorbé par ce que je vis, je ne me suis pas aperçu de leur « dissolution ». Puis tout s'ouvre, une clarté s'impose devant moi.

Une multitude d'âmes face à cette montagne reçoivent le « pain céleste ». De cette cohésion vibratoire monte une symphonie pleine de puissance et d'élégance : un chant d'espérance. Cette synergie ajuste mon ressenti au diapason de ce qui semble être au-dessus du principe d'Amour.

Totalement incrédule, je prends conscience de la vacuité de ma conscience et de mon âme. Troublé, le choc émotionnel me rend aphasique.

Plus de notion de temps, l'horizon disparaît et mon regard est complètement absorbé par une source lumineuse devant moi.

Porté par cette énergie, et immergé dans ce bien-être, je ne contrôle plus mes pensées. Toutes les questions qui m'ont préoccupé lors de mon voyage dans ces mondes trouvent des réponses implicites.

Ces instants surnaturels, me rendent ivre de ces connaissances. Ces données combinées entre toutes, corroborent l'ensemble de cette emprise vers la compréhension du tout ; comme si parallèlement, face à cette « bibliothèque » gigantesque, les âmes avides de connaissances se rassemblaient autour d'un lieu emblématique, comme la source de l'absolu, la science Divine.

Je me sens en accord avec tout cela et je constate que chacune se redécouvre un peu autrement, légèrement imprégnée de vérité.

La contemplation n'est que l'essor du savoir spirituel. Ici chacune de ces âmes disciples, absorbe l'information en fonction de son intention d'amour.

Ces rassemblements gigantesques font œuvre et les candidates désireuses de s'accomplir reçoivent leur obole providentielle d'information Divine.

La joie et la fête répondent en écho à ce nouvel engouement pour le savoir. Les myriades d'âmes ivres de bonheur s'agglutinent harmonieusement afin de former une cohorte de chants qui fait jaillir des explosions fluorescentes prodigieuses. L'entrain, la danse, la liesse et l'euphorie transportent une énergie incroyablement vivace et somptueuse ; cette nourriture céleste apporte une satisfaction illimitée emplie de plaisirs sublimes.

Inondées d'Amour, elles sont parcourues par un flot incessant d'informations vibratoires qui les amènent à cette réalité, et cette montée spirituelle progressivement leur permet d'accéder à d'autres plans.

Cet épisode m'éclaire sur ce qui s'est passé par la suite et me guide peu à peu vers une évidence.

Ce passé qui est le nôtre, est suivi de situations intemporelles qui contiennent nos mémoires. Nous essayons de les classer chronologiquement, mais c'est relatif car l'essentiel remonte au premier plan.

L'embellissement spirituel

Ces instants surnaturels que je vais maintenant relater, furent pour moi, un véritable prélude de ce que sera par la suite, le reste de ma vie.

J'étais loin d'imaginer que cet afflux de « douche d'Amour », ces ressentis, allaient me relier à l'indicible. Les interprétations liées à la contemplation et à cette approche incroyable, ne m'offraient aucune certitude. Cherchant honnêtement dans cette observation afin de sonder mon âme, je réalisais que cette information était au plus proche de cette réalité essentielle, dans cet au-deçà, une clarté au-delà de tout soupçon.

Comment partir à la recherche de cet éclat lumineux, de ce ressenti si prégnant face à ce que j'ai vécu et pour lequel je n'ai pas de mots assez puissants pour le décrire ? Je m'impose alors le silence tout en étant persuadé qu'il existe encore quelque chose de beaucoup plus important au fond de mon âme mais tellement indescriptible. Et je plonge alors dans le plus grand désarroi.

Quand on a vécu une telle expérience, on imagine mal de tels obstacles infranchissables alors que ces révélations définissent le restant de votre vie.

Les jours passent et malgré ces ressentis puissants, ces émois incroyables qui me font quitter la réalité, ce présent, aucune solution ne s'offre à moi pour me permettre de comprendre, d'accéder au plus profond de ce que je ressens.

Puis je reprenais le cours de ma vie. Je partageais cette expérience avec certaines associations qui m'accueillaient avec bienveillance le plus souvent. Les mois passaient, de ville en ville, de voyage en voyage, de distances parcourues à la hâte et au bout de tout cela, une grande fatigue et beaucoup d'incertitudes envahirent mon quotidien. Je vivais mal cet asservissement. J'avais hâte de me reconnecter à ce vécu spirituel que j'avais laissé de côté. Quelque chose avait changé en moi, je le savais ...

Je le découvris un jour de juin.

Tout d'abord, je ressentis une grosse fatigue tant psychique que physique. Je tombais peu à peu dans un vide absolu, sans envie et absent de la réalité. Je trouvais refuge dans mon ailleurs, dans mon repère, mon « no man's land » et je me sentais contraint d'y rester.

Mais quelle en était la raison ? Que devais-je comprendre, percevoir et revivre dans ce silence ? Une suite de circonstances et de ressentis élaborés magnifiquement ?

L'histoire s'inscrit toujours dans le temps… Mais ici, j'étais à mille lieux d'imaginer ce qui allait se passer par la suite, « un embellissement spirituel » *(L'embellissement spirituel » est expliqué dans le chapitre suivant « les mystères de l'au-deçà ».)*

Quand l'éclat apparaît, tout se bouscule, l'urgence est là ...

En ce jour de juin, j'étais fatigué, silencieux, centré sur moi-même après ces flux incessants d'amour, sur mon lit je me suis sentis aspiré suite à une pression gigantesque vers un passage, un autre état ... Je n'étais plus là ... J'étais face à cet ailleurs approfondissant l'éclat d'une certitude. Je retrouvais une mémoire, comme une porte entrouverte, je percevais les mots à mettre sur mon incompréhension. Je pouvais comprendre et expliquer tout un tas de choses.

Depuis, je n'eus de cesse que de rapporter ce que je vivais. J'avais cette urgence de fixer enfin les situations et les moments que je venais à peine de déchiffrer. Je compris que l'ouverture s'était enfin produite : une ouverture sur « l'au-deçà ».

Venant de l'âme, l'éclairage des mots fut sensationnel et la limpidité s'imposait au fur et à mesure de ce que je comprenais enfin. Je revisitais tout ce voyage spirituel dans une parfaite chronologie. Cela me permet de décrire aujourd'hui avec exactitude ce qui s'était passé. Ces zones endormies remontèrent à ma mémoire, éclairées de certitude.

Ce besoin d'écriture, ce flot si particulier d'informations, me fait comprendre que « mes éclairants » me parlent et me donnent la traduction de cette revisite méthodique de tous ces moments sublimes vécus lors de l'expérience.

Ces situations incroyables vont au-delà de notre imagination, de notre entendement.

Se laisser aller tout simplement dans l'ivresse de la redécouverte, me paraît le mieux adapté. Je suis maintenant terriblement impatient de vous relater cette partie de l'expérience, cette rencontre emblématique qui complète cette merveilleuse aventure, tant les réponses apportées aux questionnements posés dans les deux livres précédents, sont claires, limpides, évidentes et sans équivoque aujourd'hui.

Je ne savais rien ou très peu sur ces zones cachées. Cet au-deçà de la mémoire cognitive, ces zones où s'inscrivent aussi bien une permanence de ce vécu et une réalité indéniable.

Certaines « coulisses » étaient enfin accessibles là où se situent nos attentes. De toute évidence, j'étais pris d'une grande frénésie et d'une véritable impatience de communiquer, de partager, de raconter...

Le voile se lève, laissant place à un faisceau de certitudes.

Mais comme toujours, car je l'ai expérimenté à plusieurs reprises, les moments qui précèdent cette ouverture, sont d'une telle concentration que l'épuisement me gagne très vite. À chaque fois, j'ai l'impression de descendre dans les « Fosses des Mariannes » et de remonter ensuite, mon propre « Himalaya » ! Mes repères changent et tout devient futile. L'absorption de cette énergie me permet de me retrouver et de comprendre clairement le cryptage qui se cache derrière cette information.

La revisite de ces moments temporaires me force à rester humble et calme face à l'immensité de cette édification. Ma difficulté sera et restera toujours dans l'impossibilité de la décrire dans sa juste mesure. L'impuissance de lisibilité éclairante et la faiblesse de notre grammaire, me forcent à restreindre le champ de cette expérience et de relater avec exactitude mot par mot et mot pour mot ; ce « tête-à-tête » ce « face-à-face » spirituels.

Nous « survolons » une suite de paysages sublimes. Le ciel est scintillant, brillant de mille feux, je ressens cette vitesse vertigineuse, tout comme le pilote d'un avion supersonique. Aucune incompréhension, aucune question, je sais que je suis là pour admirer et comprendre...

Notre cohorte, toute empreinte d'une pensée d'Amour persistante, se déplace vers une destination inconnue, vers une réalité toujours plus attirante, comme l'apogée d'une longue attente.

Pour admirer et comprendre la grandeur et la richesse de cette sphère, il est nécessaire de l'appréhender d'une façon beaucoup plus large et infinie. L'envol vers cette lumière embellit le regard et les attentes.

Ces paysages luminescents empreints d'une telle solennité me font frissonner. Mes trois accompagnants me guident avec grâce et dévotion. Ils portent en eux une résonance de luminescence qui embellit leurs âmes et éclaire leurs visages.

Cette vibration Divine qui les habite, cette connaissance sans limite me laisse ébahi d'admiration.

Plus de notion de temps, je parcours inlassablement ces contrées mirifiques. Tout en examinant ces sphères, je ne peux qu'apprécier cet Amour si coloré, et toute cette notion de beauté que je possède, se trouve d'un seul coup rayée, balayée devant ce que je perçois ici.

J'avais déjà éprouvé de telles sensations lors de mes voyages dans les strates inférieures, mais de nouveau, cette beauté au-delà de l'imaginable, cette puissance d'Amour me fait revenir sur mes précédentes déclarations : souvent j'ai dit : « ici la beauté n'a pas de limite. » Maintenant j'ai envie de dire : « la beauté ne se limite pas à ce que l'on voit. Elle correspond à l'acceptation de notre représentation ».

Des détails éclairants surgissent à foison. J'accède à une mémoire non pas enfouie, ni même interdite, mais jusque-là hors de portée.

Je contemple une immensité renversante. Ce niveau de beauté est phénoménal. Les couleurs et leurs nuances reflètent l'exactitude d'une puissance Divine ou de sa représentation. La générosité qui s'en dégage, ne laisse aucune place à une quelconque négociation avec la vérité. L'impossible est banni ici, tout respire l'authenticité.

Comprendre l'indicible, l'immense, le puissant, me magnifie. La vie telle que nous l'espérons, explose d'intensité ; chaque élément qui nous compose, s'illumine et tout l'environnement reflète cette gloire exaltée.

Cette sublimation enivre tous mes sens. Je dois faire « silence »
en mon âme pour mieux m'imprégner de ces invraisemblables
plans. Les sons mélodieux vibrent au diapason de cette nature
luxuriante. Ce n'est que vie, espoir, gloire et Amour. Rien de
comparable avec ce que j'avais vécu précédemment. Et tout
ceci n'est que le prélude à une supra harmonie, aux
profondeurs insondables de l'Amour.

Mes compagnons réapparaissant comme de multiples lumières,
se pressent autour de moi et me font percevoir ce que j'appelle
aujourd'hui le « chant des anges » : des sons si mélodieux, que
simplement, la symphonie terrestre n'est qu'un balbutiement
de cette pureté musicale Je me concentre sur cette onde
reflétant de multiples harmoniques, pour comprendre cette
vibration somptueusement homogène.

Le Chant des anges

Ces envolées harmoniques faites aux couleurs d'arc-en-ciel, ces vibrations douces et sensibles, cette construction d'une richesse surprenante sont en parfaite communion avec l'environnement. Chaque mélodie construit la suivante pour me permettre d'en ressentir toute la plénitude. Cette mélodie s'adapte à ma vibration et atteint harmonieusement mon âme. Je suis dans cette essence et ressens la présence Divine intrinsèquement. Mon enveloppe éthérée témoigne de cette luminescence. Quelle magie ! Je découvre ce que je suis.

Tout est merveilleusement nouveau et cette nature si brillante ne préfigure que les prémices de cet Au-delà suprême, de ces sphères Divines. Un étrange trouble m'envahit, échappant à tout raisonnement. Mes certitudes ici sont ébranlées, comme si le commencement de ce que nous sommes, était la suite de ce que nous devenons : c'est une alternative opposée entre ce qui est, ce que je suis, et ce que je deviens. L'ambivalence et l'irrationalité intensifient mon trouble.

Cette force sous-jacente est de nature Divine. Seul un apprentissage approprié, et l'acceptation de ce que je suis, me permettra de ressentir cet état de plénitude.

N'étant pas prêt, je suis incapable d'appréhender et d'assimiler ce que j'observe. Abasourdi, je me laisse emporter par mes compagnons. J'ajuste au mieux mon âme à ces merveilles.

Nous reprenons le cortège ascensionnel.

Puis, après ces sonorités mélodieuses, un silence soudain me surprend. Un calme lénifiant m'envahit.

Une nouvelle atmosphère semble s'installer. Mon groupe se concerte et s'organise pour faire naître une énergie fluorescente comme un tapis multicolore, qui s'élargit progressivement pour laisser place à une structure lumineuse.

Cet édifice fastueux échappe à ma compréhension. Nous avançons dans la direction de ce qui m'apparaît encore plus beau, encore plus glorieux ! N'y a-t'il aucune limite ?

Toutes ces possibilités au niveau de ces états, de ces strates, de ces sphères et dans lesquelles, règne la puissance spirituelle, là où se juxtapose la notion universelle, enveloppée d'une spiritualité élaborée, là où l'appartenance au courant religieux n'est plus. Elles sont si difficiles à décrire, que j'ai l'impression dans cette écriture, de salir un réalisme.

L'appartenance des mots restreint l'amplitude, et l'exactitude de ce qui est réellement, est ternie par l'absence.

A l'approche et confronté à cette immense architecture énergétique impressionnante, en quittant une zone fluorescente, quelle joie de vibrer à nouveau en concordance avec ma propre existence ! Mon âme entre en résonance avec ce qui est en face, à côté et derrière moi : un environnement suréminent.

Une abondance d'immenses prairies et de plaines de couleurs chamarrées, renforce cette bienveillance qui m'entoure.

L'ajustement se construit en permanence, inondé d'Amour dans ce monde des merveilles.

Le mot « merveille » me paraît pâle face à cette réalité fastueuse et incommensurable. La décrire me semble insurmontable tant les mots approximatifs sont insuffisants et imparfaits.

Qu'il est difficile de découvrir une fois de plus, les merveilles d'un monde onirique et pourtant si réel à nous humains, si peu enclins à apprécier les choses les plus simples et les plus naturelles.

Ici, ce n'est que sobriété et humilité ; il n'y a ni ornement, ni somptuosité ostentatoire, juste l'éclat naturel de l'Amour.

La profondeur de l'âme régnant dans ces plans divins est impressionnante. Elle semble revêtue d'une cohorte de lucioles multicolores.

Tout ce qui m'apparaissait comme extraordinaire auparavant, est largement surpassé. J'évolue dans un milieu au-delà du fabuleux.

De part et d'autre et bien au-delà de ma perception visuelle, une présence particulière galvanise mon envie et mes espoirs. La nature omniprésente revêt une parure très particulière, une synergie venue de l'intérieur qui diffuse une atmosphère apaisante. Je baigne dans une douce euphorie.

Mes trois compagnons partagent mon allégresse. La présence pénétrante de cette énergie ne peut être que la forme subtile de la merveilleuse présence Divine. Elle émane certainement d'une source proche mais qui échappe à ma vue.

Nous traversons avec émotion cette nature, puis un phare rayonnant nous indique le chemin vers une ascension encore plus merveilleuse. Encore et encore vers le plus beau, le meilleur et le plus bienveillant.

L'infini me donne le vertige. Mais il n'est que ce que l'on est !

Dans notre système planétaire, la notion de temps est dictée par les cycles des différents astres.

Au loin, très loin dans ce vide sidéral, le temps n'est pas… Il n'a plus de réalité dans le néant si ce n'est que nous restons attachés à notre propre singularité.

Autant dans notre Univers, la vitesse de la lumière est quantifiable, autant la vitesse de la pensée échappe à cette règle. Seul l'instant peut la déterminer.

La pensée ne crée que l'instant, et cet instant se situe à n'importe quel endroit dans un Univers, un Univers sans limite. Voilà, c'est de cela qu'il s'agit.

Dans l'Au-delà, c'est l'instant qui se précise à chaque moment, c'est maintenant et c'est ici.

Dans l'Au-delà, plutôt dans cet état énergétique, vous créez en permanence cet instant et en fonction de vos capacités spirituelles, vous œuvrez à sa puissance.

Il est dépendant de vos engagements terrestres et tous ceux qui n'ont pas laissé de place à l'Amour dans leur vie, en seront privés le temps nécessaire à leur régénération. Les autres verront la puissance de leur pensée s'épanouir et plus l'Amour aura habité votre âme, plus votre environnement en bénéficiera.

Il n'y a aucune limite dans l'amplitude du bien, du beau et du bon. Celle-ci s'élève et s'accroit à l'infini.

Et ainsi, votre élévation atteindra certainement les confins de ces mondes et votre âme épurée bénéficiera de cet éblouissement que je viens de dépeindre.

Un autre monde existe. Je vais essayer de vous le décrire maintenant. Il atteint l'absoluité et cela est la portée de notre pensée humaine. Certains auteurs ont tenté de le décrire de façon onirique, tandis que les écritures saintes nous laissent l'entrevoir d'une façon plus allégorique.

Dans ce qui va suivre, je vais vous expliquer l'intensification de l'expérience par une approche spirituelle la plus marquante et de par les apprentissages que j'ai vécu dans ces mondes.

Juste une mise au point

Avant de poursuivre ce voyage, je souhaite au préalable éclaircir qui je suis, car très méfiant vis-à-vis des dérives d'interprétations et d'orientations.

Je ne me sens aucunement privilégié et je ne tire aucun honneur, ni fierté d'avoir vécu ces moments sublimes. Je n'ai aucun doute au sujet de ces mémoires et j'atteste avec certitude leurs réalités. Je n'ai pas été choisi pour le mérite, rien n'a été provoqué en moi et rien ne m'a favorisé pour autant. Je ne suis ni devin, ni prophète, ni messie, ni mystique, etc. ; pour simplifier, si j'ai vécu cette expérience, je me raccroche à cela, je pense donc être capable de la partager et de vous en rendre compte dans ses moindres détails.

Néanmoins, je reste très humble vis-à-vis de cette expérience. J'ai juste choisi une opportunité qui un jour s'est présentée pour pouvoir l'exprimer (Cf. « Mémorandum pour l'Au-delà »).

Dans ce premier récit, je définis très bien la chance que j'ai eu de pouvoir comprendre l'inaccessible, l'incommensurable. La plupart des expérienceurs restent muets et sont confrontés à la peur de l'imposture et surtout à cet impossible langage à trouver au plus près des ressentis, afin de partager par des mots précis de ce qu'ils ont vécu. Ils le savent, il n'existe aucun mot pour décrire une telle réalité. En très grande majorité, les expérienceurs vivent une expérience très personnelle, intime et celle-ci reste tapie dans leur mémoire, jusqu'au jour où l'éveil commencera.

Je rends hommage et je remercie vivement Mme Nicole Dron, Mme Dominique Vallée et M. Jean-Claude Carton qui par leurs convictions et leurs confiances, m'ont permis de sonder ma mémoire et d'en faire remonter le fondement.

C'est comme cela que j'ai pu comprendre et accepter ce qui m'est arrivé lors de cette Expérience de Mort Imminente (E.M.I.). Rien ne me dit que ce fut le hasard ou une faveur spéciale. Juste, il me fallut beaucoup de temps pour vous transmettre un message très fort et ce message est : UNE VIE EXISTE BIEN APRES LA MORT.

Comprendre et accepter cette expérience est compliqué. Treize ans furent nécessaires pour y arriver. Treize ans de doutes et de douleurs, pour enfin partager cette information dans le souci de la cohérence, de la probité, de la véracité et de l'honnêteté.

Le monde des merveilles.

Je me retrouve face à toute cette verdure, se succédant en une infinité de champs luminescents et de cités où les sommets des bâtisses rivalisent de hauteur. Les volumes, les arcs-boutants sont impressionnants. Toute une architecture ouverte à l'infini. Les couleurs, les formes, les profondeurs participent à ce merveilleux, les citadelles se confondant dans la brillance d'un ciel multicolore.

Devant elles, je constate que les matériaux qui les composent, sont complexes et subtils. Leurs occupants sont vêtus de façons simples et colorées. La lumière pénètre leurs habits pour en faire des soieries somptueuses, brillantes de mille éclats. Des chants, des rires, des éclats joyeux s'élèvent et raisonnent sur ces espaces ouverts ; les fleurs et la nature exubérante réagissent à leurs mélodies. Le scintillement lumineux qui en émane, cristallise le sentiment profond de l'Amour qui les rassemble.

Mon regard est sidéré de cet infini de citadelles. Cette œuvre magistrale intensifie la puissance de la splendeur Divine. Citadelles et demeures admirables témoignent de cette féerie d'Amour. De larges allées multicolores sous un ciel étincelant les parcourent comme des gerbes d'énergie résiduelle.

Nous poursuivons notre avancée, charmés par tant de splendeur. Les suites ornementées se succèdent à l'infini. Des myriades d'âmes luminescentes œuvrent conjointement à cette création divine, leur nombre me paraît illimité. Elles trouvent leur force dans l'Amour Divin qui leur permet d'affronter leur tâche titanesque.

L'infinitude d'éléments énergétiques structurant l'environnement de cette sphère, ouvre des perspectives visuelles synonymes de solennel, grandiose et prestigieuse.

Petit à petit, l'environnement change et les nuances des majestueuses demeures virent au pourpre, puis au bleu et au vert émeraude indéfiniment, en passant par des tons inconnus. Je ressens derrière ce phénomène une force constante, tout en reflet et en brillance.

Attiré, j'avance d'un pas sûr et léger sur cette voie royale scintillante et emplie d'échos et de sons mélodieux.

Nous progressons vers le plus beau et le plus subtil. Nous sommes insatiables et grisés par tant de subtilité. C'est indéfinissable. L'intelligence florale amène à notre regard un plaisir ardent. Attirés par une élégance mélodieuse particulière, nous parvenons à la lisière où règne une différentiation énergétique évidente.

Un agencement sonore semble encore plus marqué, serait-ce le terme de notre voyage ?

Un véritable changement vibratoire s'opère au son de cette mélodie polyphonique. L'apparence d'une arche fleurie intrigue notre regard et oriente notre direction. Plus nous avançons sous cette arcade richement ornée de fleurs odorantes, plus ces senteurs suaves semblent nous accueillir et nous incitent à y pénétrer.

Parvenus à l'orée de ce qui me semble un jardin, nous nous acheminons avec joie et avec curiosité vers cette closerie chargée de bienveillance. La mélodie s'accentue et ses chants polyphoniques résultent d'une multitude de sons parcourant la nature environnante.

Mes compagnons et moi savons alors que nous pénétrons dans un lieu magique, un lieu emblématique de ce monde des merveilles.

A perte de vue s'étalent des champs de fleurs impossibles à reconnaître, tant elles sont abondantes, tant la diversité est impressionnante.

L'extraordinaire grandeur pour certaines de ces fleurs, me fait penser à cet instant de l'écriture, à celles décrites dans certains films, de la plus petite à la plus grande. Ce ne sont que senteurs et arômes voluptueux se mariant en parfaite suavité pour atteindre le plus profond de ma conscience.

Des parcelles grandioses et mirifiques entourées de merveilleux édifices se développent de façon vertigineuse et je commence à comprendre ce qui les anime. L'énergie Divine qui les pare affleure leur enveloppe et la luminescence qui en ressort, vibre à l'unisson avec l'information que je reçois. Tout est plénitude, attirance mais aussi interpellation !

Je ressens profondément les bienfaits lénifiants de cette énergie rayonnante. J'ai conscience en ces lieux d'une présence extraordinaire et pleine de bienveillance à travers cette vibration particulière et inattendue aux effluves luminescents. Je suis très charmé par cette bienveillance à mon égard. Je ne conçois à ce moment-là aucune attente et aucune précipitation. Une foultitude de présences animées fait jaillir devant moi l'imprévu, ce que je perçois est pour moi une solitude face à de l'inattendu.

J'entrevois l'ouverture, la découverte, la sagesse de ce qui va arriver...

Le temps n'est plus, les instants se prolongent indéfiniment. Mes pensées les effleurent et voyagent, emportées par l'extase. Dans une fulgurante impression, cette sensation de vitesse, mon entourage s'éclaircit. Mes compagnons ne sont plus là.

La vitesse, ce tourbillonnement énergétique, devient vertigineux. Je suis emporté dans cette traînée vibratoire et je ressens la caresse Divine. Et à nouveau, je retrouve les effluves magiques de cet horizon disparu momentanément.

Une pause féérique s'impose après cet aparté Divin, pour me permettre de mieux assimiler et admirer ce qui s'étend à l'infini autour de moi : apothéose d'une création architecturale dont la nature étincelante illumine chaque parcelle, au firmament de ce qu'elle représente. Des présences virevoltant avec grâce dans ce cosmos multicolore participent à cette grandiose beauté et nous invitent à un somptueux ballet.

Consterné et étourdi par cette puissance sidérale, cette effervescence d'Amour, je me sens complètement détaché de mon passé ; je suis ailleurs, dans mon âme...

La closerie de Marie

Au fur et à mesure, je réalise ce qu'est l'Amour éblouissant. Je ne me sens plus seul. Je suis immergé dans un océan d'Amour où cohabitent ces myriades d'âmes œuvrant pour le bien, le bon et le beau, sans exception, ni limite. J'accueille cette offrande majestueuse.

Je sens que j'ai atteint l'ultime étape qui me mène à cet Amour Divin. Tout respire la délicatesse et l'homogénéité, l'élégance et la simplicité, la beauté et l'originalité. Les sphères inférieures sont loin de rivaliser avec autant de perfection.

Comment imaginer et comment décrire tant d'Amour et de beauté ?

Dans cette Closerie, la nature m'enveloppe d'une douce caresse. Je pose un regard extasié sur tout cela et mon âme tressaille d'exaltation.

Des présences lumineuses s'activent pour m'offrir la source, l'origine de toute cette activité fulgurante. Entouré et soutenu par de belles présences, j'avance vers cette invitation à découvrir l'admirable.

Elles me parlent d'affection, d'Amour comme on le fait à un intime. Ce sont des rencontres solennelles, augustes et singulières en tête à tête ou à plusieurs, qui accroissent ma motivation et ma volonté de les accompagner dans cet élan d'Amour. Je comprends alors comment elles participent activement à cette création.

Le cercle s'agrandit pour laisser place à l'énergie prééminente. Les couleurs sont infinies. Cette source rayonne de reflets argentés. Le son ambiant est si doux, si philarmonique que cela chante en moi. Les voix sont pénétrantes, chacune offre distinctement un vibrato particulier, un langage que je ne peux pas comprendre comme le chant des anges au moment de cette traversée du tunnel.

Une force faramineuse traverse mon âme. J'ai l'impression d'aimer au-delà de ce que je pouvais imaginer. Je ressens une force d'Amour incommensurable. Cette énergie me berce doucement comme seule une mère pourrait le faire. Seule l'Éternité me permettra de fixer cet Amour à jamais. Je suis bouleversé et mon âme pleure.

Mon entourage disparaît peu à peu. Je suis seul face à l'Amour, face à l'infiniment beau et pourtant je me sens observé intimement.

De nouvelles présences influent sur l'environnement. L'ascension énergétique s'intensifie. Je me sens entouré, enlacé et embrassé par la plus raffinée des énergies. Mon âme explose d'Amour. Cette surabondance vibratoire enivre chaque parcelle de mon corps. La douceur et la profondeur de cette fascination maternelle prennent le dessus. Je suis le cœur et l'origine. Je suis à l'apogée.

Bien souvent aujourd'hui, je m'échappe de la réalité et je m'évade en me remémorant ce ressenti incroyable. Je revis aussi toutes ces souffrances des plans inférieurs.

Les énergies changent, la montée vibratoire se fait ressentir. Je perçois cette lumière qui se présente à moi.

A cet instant, je m'attendais si peu à rencontrer cette icône : Marie, Vierge et sublime ! Tout cela est surprenant et inimaginable pour moi. Je réalise maintenant, avec subtilité ce qu'elle dégage de beauté et d'Amour.

De ma vie terrestre, je respectais ce qu'elle représentait comme Icone et je n'y portais pas une réelle dimension. Mais, face à cette vision fastueuse, je ressens une gratitude absolue, je reçois cet Amour qui m'est offert.

L'éclat est perçant. Ce scintillement révèle une présence si belle et si cristalline. Cette énergie est souriante et majestueuse. Les parures d'un bleu étincelant couvrent les épaules de cette âme majestueuse, rayonnante de bonté et d'Amour. Ses yeux perçants bleus et si purs traversent mon âme avec une grande subtilité. Je me sens envahi par un Amour sans fin.

L'ivresse s'empare de moi et au son cristallin d'une symphonie, je ressens la profondeur de l'imperceptible, le royaume de Dieu. L'inaccessible s'offre à mon regard éperdu d'Amour. Le Dieu rédempteur brille de milliards et de milliards d'éclats. Une énergie surabonde inonde mon âme. Cela surpasse l'entendement et là je perçois le fils, le frère, l'Amour. Ce simple émoi me suffit à comprendre la création, le tout et l'œuvre magistrale d'une énergie en surabondance d'Amour.

Je la regarde et cette admirable lumière vient à moi, m'enlace et m'emmène vers ce regard chargé d'Amour. Je soutiens ce regard, attiré vers le firmament, mon firmament… La profondeur et la bienveillance de son attention me font prendre conscience de ce que je suis.

Marie, me prend les mains. Je ressens plus que de la douceur. De la soierie semble être son énergie. L'éclat lumineux amplifie l'environnement et ma perception s'en trouve admirablement accrue.

Marie, par sa pensée douce et rassurante m'offre un Amour resplendissant. Je retrouve ce bercement et je me sens transporté et rassuré.

Puis, la perception d'une vibration lumineuse colorée de violet-indigo l'entoure et je ne peux la définir. S'agit-il d'une enveloppe ou d'une vibration énergétique composée d'une source Divine, auréolée d'âmes ? Est-ce la rémanence de ce que j'ai perçu de cet émoi Divin ou tout autre chose ? J'en suis encore aujourd'hui éperdument magnétisé et je m'interroge sur cette lumineuse énergie.

D'autres lumières semblent virevolter autour de nous, comme des lueurs fluorescentes, multiformes et multicolores. Les sons mélodieux brassent cet enroulement. Ils envahissent mon âme. Ses bras affectueux charment ma satisfaction.

L'humilité ambiante, la ferveur ont accentué ma certitude d'être dans la vérité, l'authenticité ; mes doutes se sont estompés.

Son visage lumineux d'une beauté simple et naturelle, s'illumine d'un sourire radieux. Je plonge dans ce regard bleu profond pour tenter de comprendre le sens de sa majestueuse présence.

C'est tout un Univers d'Amour que je perçois, si lumineux, si grandiose que je comprends enfin ce qu'est réellement l'Amour.

Ce regard limpide et puissant posé sur moi m'envahit avec respect et tendresse. Dans ce regard cristallin, j'entrevois l'apothéose de l'Amour, de la beauté, de l'élégance et de la pureté.

Je voudrais que cela ne cesse jamais. L'éternité semble figée. Je ne suis plus moi-même. Je suis autre, transporté vers quelque chose de plus lumineux. Je vis cette énergie. Je suis en elle. Je ressens les épreuves de tous et de tout dans la rémanence des stades inférieurs. Je vibre au diapason de ce miroir d'Amour, je comprends et j'accepte.

Je me rapproche à nouveau de Marie osant à peine effleurer, juste caresser sa main pour m'imprégner d'elle. Je ressens une énergie nouvelle et je reçois cette offrande comme une concrétisation de la puissance Divine.

Je perçois cette présence Divine et chaque atome éthéré qui me compose vibre à l'unisson. Je suis en osmose totale et je découvre un Amour complètement inconnu.

L'intelligence revêt une pensée spirituelle, l'information à recevoir me semble importante. Il en va de même pour les conseils, les indications et surtout la confiance en un avenir lumineux, le devoir absolu d'Amour, la peur du chaos et le désordre qui s'en suivront.

Marie me rassure aux travers de ses pensées et de ses mots qui envahissent mon âme. Dans cette symbiose, ce qu'elle me donne comme Amour, recèle un trésor d'informations. Chaque mot, chaque phrase est un ensemble composé de multiples pensées qui reflètent une énergie chargée d'édifications sur le socle de l'Amour absolu.

Ce que je reçois comme vibrations est incommensurable. Cette montagne énergétique me transporte au-delà de la connaissance.

Il y a un seul mot pour décrire autant d'Amour « Humilité ».

Soit Humble *(Les intentions de Marie)*

Elle pénètre ma pensée et mon âme et je me sens emporté par une vague d'amour.

- ***Tout n'est qu'Amour. Cette Joie d'être cela, doit remplir votre vie ; vous aurez à faire dans ce sens.*** (Marie parle d'un avenir proche, celui d'un Amour conséquent).

- ***Vous rencontrerez la reconnaissance et le désarroi. Soyez humble et obligé.*** *(Vous serez reconnu comme porteur et vous braverez l'incertitude, dans l'humilité et l'envie de partager)*

- ***Vous aurez à vous battre. Vous serez confondu par la noirceur. Vous apprendrez la réalité. Vous veillerez à ce que chacun reçoive ce qui lui est dû.*** (Cela sera difficile. Vous vacillerez face à l'adversité. La force vous rendra vaillant et tous seront éclairés.)

- ***Des océans de doutes vous seront offerts. Au travers d'eux, dans l'assurance et la sincérité, vous avancerez avec un autre regard rempli de certitudes.*** (Beaucoup de freins seront mis sur votre route, mais la réalité trouvera sa force en vous et votre sincérité comblera les doutes de beaucoup.)

- ***Certains alter ne seront que vos juges et non remplis de fraternité tant souhaitée.*** (Ceux qui soi-disant fraternels, qui se relèvent d'une seule vérité, seront les impies d'un jugement divin, car leurs mensonges briseront leur humilité).

- *Le désordre spirituel s'accroit. Sa forfaiture spéculatrice réduira ceux qui en abusent.* (Les pourfendeurs d'intérêts prosaïques atténuent leur spiritualité. Ils souffriront des vices du mensonge et de la forfaiture.)

- *Les porteurs de fausses beautés abonderont, quant à l'horizon le désarroi achèvera l'espoir.* (Les faux prophètes, bâtisseurs immondes de lumière, résisteront jusqu'à la fin. Ils perdront leur âme dans les fosses du sombre).

- *Soyez la foi de votre Vie et apportez ainsi l'espoir aux éperdus.* (La force de la foi, vous fait avancer afin que ceux qui vous observent et rejoignent vos sillons.)

- *Les dogmes des croyances sans amour vont engendrer la terreur et le chaos.* (Marie, ici nous dit de nous méfier d'une science, qui engendre la stérilité et la torpeur. Cette science politique est sous-jacente et œuvre pour lui permettre d'être la vérité, rien que la vérité).

- *L'humilité doit être la force de vos vies. Ensemble vous serez, seul rien ne se fera.* (C'est ensemble que l'on permet la force de la foi. Seul face à l'immensité du désarroi, rien ne se fera.)

- *Je ne suis pas là où l'on croit, il y a trop d'égarement.* (Marie, dans la représentation ostentatoire que l'on a faite d'elle, délivre un message important. Je ne suis pas dans les cathédrales, églises ornementées, perchée sur des piédestaux. Je suis au plus profond de votre fondement, mais aussi dans cette petite église ou chapelle sobre, vide de tout ornement, perdue au fin fond d'une campagne et parfois abandonnée. C'est là où je suis et c'est là, où vous me rencontrerez).

- *La sagesse n'est plus de ce monde. L'emprise des tourments règne dans les méandres de vos vies.* (L'assurance n'est plus de votre monde. L'espoir quitte les foyers, la croyance se substitue à la peur. Vos envies sont bafouées et vos espoirs sont vains. Le monde de demain sera la terreur de l'espoir.)

- *La prière est mutilée, amoindrie et souvent dénaturée.* (La relation avec le Divin n'est plus la priorité, elle devient tertiaire. L'imploration est ternie par des intérêts mercantiles et égotistes.)

- *Les pouvoirs de ceux qui dirigent, rehaussent la cupidité et ennoblissent chacun de ceux qui la subissent ; cela ne peut plus durer.* (L'appropriation de la décision aux servitudes d'un peuple est tenace au plus haut niveau décisionnel. La convoitise tente de manipuler l'incrédulité de certains, afin d'y puiser richesse et pouvoirs. Ce monde-là est fini, il détruit plus qu'il ne construit).

- *Le monde perd de sa vivacité. Il n'y aura rien de mieux, tout est perversité. La contrainte viendra du haut des cieux et l'Amour reprendra sa place.* (C'est fini. Ce monde doit disparaître, car tout est perversité. Le changement manifeste viendra des Cieux et l'Amour reprendra ses droits.)

- *Il n'y a pas de place pour ceux qui instruisent*

l'erreur. (Les démons disparaitront définitivement de la surface de cette Terre. Ce monde ne sera plus jamais accessible à la noirceur.)

- *La réponse permettra l'acceptation à ce qui il y a de plus haut.* (C'est le résultat de la patience divine, car seuls ceux qui resteront, sont en concorde avec le Divin.)

- *Vous avez mutilé profondément votre demeure et votre descendance s'en trouve dégarnie. Le retour à ce qui a été, en sera long et pénible. La Grâce divine viendra établir l'équilibre.* (Nous avons détruit notre demeure, et nos enfants devront tout reconstruire avec labeur et difficultés. La lumière divine, viendra anoblir ces âmes).

- *Vous perdrez tout et ce qui restera appartiendra à tous.* (Tout ce qui existe sur cette Terre sera détruit et les ruines seront ensevelies par le Renouveau humain, là où tout est en concorde.)

- *La pluralité vous surprendra et vous aurez à faire au dédain. Chacun d'entre vous devra se confondre avec ce qu'il recevra ; la fin du monde n'est pas, c'est l'instant où tout se révèlera.* (Beaucoup tenteront de vous défaire de vos convictions. Ils feront de vous des menteurs, des fallacieux. C'est à ce moment-là, que la lumière divine sera sélective et c'est alors que tous comprendront ce qu'est la vérité).

- *Soyez prévenant avec cela, soyez confiant. Il y a de la largesse et l'Amour aura sa plus belle part.* (Ne craignez rien. Avec prévenance tentez de partager. L'Amour se multiplie à l'infini et votre âme bénéficiera de cette largesse.)

- *Le temps est révolu pour comprendre vos égarements.* (Vous ne pouvez plus comprendre vos égarements, chacun répondra de ses capacités).

- *Le pouvoir de l'or n'est plus, c'est à l'amour de recevoir son dû.* (Le Dieu Argent sera sénile, il ne possèdera plus d'influence. La reconnaissance sereine viendra du pouvoir de l'Amour).

- *Les certitudes écrites et aménagées depuis longtemps sont fortuites.* (Votre savoir sera périmé. Toutes les structures seront vaines et ne pourront nullement exister).

- *Les convictions d'antan ont été modifiées par de faux préceptes. La simplicité est la reconnaissance de ce qui a été.* (À l'origine, la parole était autre, plus aboutie, plus chargée de certitudes. Il eut fallu que certains d'entre vous par attirance au pouvoir du savoir, tentent de modifier ce précepte d'Amour prodigué par les croyants, ceux qui ont vécu à ses côtés. Ces mystiques ne l'ont pas fait pour leurs propres profits, mais d'autres ont annihilé la pensée des auditoires aux dépends des impies. La parole d'Amour ne se lie pas de comparaisons et d'allégories).

- *Croyez uniquement en l'Amour, l'autre certitude n'est que mensonge.* (Le choix est simple, tout ce qui est Amour tentera de s'élever. Les doctrines regorgent d'excès, et d'incertitudes. L'AMOUR EST LE SEUL PRINICIPE DIVIN).

- *Les pouvoirs sont corrompus. Ils représentent les forces du mal. Soyez vigilants et défendez le principe d'Amour dans ce que vous faites, dans ce que vous rencontrez, et surtout dans ce que vous Êtes.* (Le satanisme regorge de faux semblants si mal décrits, qu'il faut parfois beaucoup de temps pour comprendre le fourvoiement. Certains dirigeants de ce monde sont si serviles, que l'intelligence qui les nourrit est subtilement fallacieuse. Ils vous emmènent dans leur confession pour laquelle vous payez argent comptant. Ils s'octroient le pouvoir sur l'autel de la malice. Leur perfidie n'a de cesse que d'accroître, jusqu'au jour où l'Amour restera le seul principe de vie. La vigilance ne permet aucun écart. Ils sont à l'affut de vos erreurs et de vos doutes. Défendez autant que vous le pouvez ce principe glorieux qui émane de Dieu.)

- *Je suis là pour tous à vos côtés et convaincus, vous ressentirez toute la bonification divine.* (Marie, nous signifie sa largesse d'Amour et sa proximité. A nous de le ressentir afin de servir cette étincelle divine en nous.)

- *Chacun de vous est important à nos yeux et en notre âme. La valeur n'est pas de votre monde. Ici nous la reconnaissons comme divine.* (Vous représentez le fleurissement de la vie, nous ne voulons que son embellissement pour votre apogée, par la suite.)

- *Préparez-vous à ce que dans quelque temps, votre monde change pour le bienfait de tous.* (La fin d'un monde arrive à grands pas, le nouveau monde ne sera fait que d'Amour).

- *Les torpeurs de beaucoup d'entre vous vont cesser. Vous reprendrez joie et clarté dans l'espoir de vos Vies.* (La détresse de beaucoup d'entre vous, cessera le jour où vous comprendrez la nécessité de l'Amour.)

- *Soyez l'allégresse, soyez la joie, là où vous êtes j'y suis.* (Croyez en la puissance de l'Amour, vivez- la et ressentez ma présence).

- *Reprenez le temps de la sollicitation et de la pensée victorieuse.* (Les sottises deviennent vaines lorsque la clarté illumine votre pensée. Soyez en accord avec vous-même et laissez tomber les sornettes de certains pourvoyeurs de fausses nouvelles.)

- *Soyez serein avec vous-même.* (Aimez-vous, aimez les autres.)

- *Changez absolument votre regard sur l'autre.* (Vos pensées vous trompent. Oubliez ce que vous avez appris. Regardez autrement ce qu'est l'autre et non ce que dicte votre pensée. C'est une autre dimension qu'il faut aborder quand vous regardez l'autre. Ce versant subtil qui vous offre la réalité de ce qu'il est. C'est avec un regard d'Amour que s'ouvre la vérité).

- *Les difficultés ne sont que passagères. Offrez au monde votre regard bienveillant.* (Tout passe, tout n'est qu'illusion sur votre terre. Si la souffrance gagne votre cœur, votre corps, votre âme, soyez contrit de cela, c'est humain. Si la mort ne vous gagne pas, appréhendez la vie avec sérénité, espoirs et avec surtout beaucoup de sollicitude. C'est alors que s'ouvrira la compréhension de ce que vous avez vécu.)

- ***Le temps sera là pour chacun. Plus de langueur, plus de mauvaise intention, le monde nettoyé de ses scories refleurira de bonté et d'Amour.*** (Vous aurez loisir à faire ce que vous voulez pour le bien-être de tous. Vos intentions ne seront que louables et rien ni personne ne se mettra au travers de votre chemin, pour vous faire plier dans l'adversité.)

- ***Prenez la voie de l'espérance par l'ardeur de vos pensées.*** (Si votre foi est inébranlable, si vos convictions ont été élaguées de tous doutes, alors, vous savez ce qui est vrai. L'intuition qui anime votre âme éclaire vos pensées et rien n'empêchera l'ardeur qui vous anime de braver les incertitudes).

- ***Ne cherchez vainement ailleurs, tout est en vous.*** (Votre mémoire regorge de certitudes si elle est sollicitée).

- ***Certaines églises s'effondreront dans les regrets, de par la perfidie et de par l'absence d'Amour.*** (Les religions seront face à leurs erreurs, à leurs manipulations. Les idéologies basées sur une vérité orchestrée là où l'impie est détruit, disparaitront définitivement. Toutes religions qui n'agissent pas dans la relation d'Amour, seront définitivement bannies).

- ***La démonstration sera purifiante et tous viendront pleurer le pardon ; l'accord sera la réunion.*** (Un ensemble impressionnant de manifestations venant du céleste, sera déterminant. Chacun devra susciter l'Amour en lui pour pouvoir espérer sa pérennité. Le pardon efficient est éclairant. Ensemble, se réuniront les apôtres de l'Amour).

- *Il annoncera le renouveau par la justification de l'Amour. Soyez présents ce jour-là.* (Jésus viendra honorer ceux qui ont élevé l'Amour en eux.)

- *Les monstres disparaitront définitivement des chairs protectrices.* (Les démons ne pourront survivre. Ils retourneront dans les abîmes de l'enfer. Celles et ceux qui pour leurs profits, abrités derrière leur orgueil et qui ont amené les troupeaux en béatitude vers la gloire matérielle, seront mis en grandes difficultés).

- *Les peuples stellaires viendront offrir la joie et la gloire du haut.* (Les civilisations des autres mondes viendront béatifier les humains terrestres. Ainsi, ils auront accès aux pouvoirs spirituels et scientifiques.)

- *Ouvrez vos âmes à la clairvoyance de cette réalité qui sera et qui est en vous.* (Croyez en ce renouveau. Ressentez cette ouverture vers l'Amour. Par l'Amour, tout arrive.)

- *L'ouverture se fera au lendemain des fêtes et des réjouissances prosaïques.* (Cela se passera le lendemain de fêtes matérialistes, fêtes instituées par l'homme, pour le commerce et le profit.)

- *Le ciel se couvrira et les pluies salvatrices inonderont les regains des âmes déchues.* (Le ciel s'assombrira de mille et mille énergies. Ces énergies redonneront de la beauté aux âmes meurtries par la vindicte agnostique).

- ***Prenez soin des petits. La Terre fendra les bâtisses des gens de noirceur.*** (Préoccupez-vous des pauvres, des simples, des pauvres hères abandonnés de tous, de ceux meurtris par le joug égotiste. Les maisons et demeures de ceux qui ont axé leur vie sur le profit, la destruction des valeurs spirituelles, le tout avoir et le bien paraître, les preneurs d'otages, les gens de terreur... Ces derniers disparaitront dans les crevasses et les écroulements de leurs maisons, temples, châteaux, cathédrales funestes, églises du profit, les synagogues sataniques, les mosquées de la manipulation rhétoriques, les Élysées ornementées de faussetés...).

- ***La chair brûlera dans les flammes des crevasses de l'effondrement.*** (Tous ceux-ci seront emportés dans les crevasses des enfers, quand la Terre se fendra en plusieurs états et plusieurs continents).

- ***Soyez confiant, soyez réjoui pour l'Amour que vous portez.*** (L'Amour en vous sera votre protection, ayez confiance en cela).
- ***Les âmes affranchies prendront le relais du désastre.*** (Puis celles ayant franchi les abîmes avec Amour, seront aptes à recevoir cet avenir glorieux).

Des doutes, des appréhensions ressurgissent dans mon esprit. Mais j'accueille avec confiance toutes ces vibrations ressenties au travers de ces mots, de ces phrases. D'autres me reviennent, mais ne les comprenant pas explicitement, je pense qu'ils se doivent de rester au fond de mon âme pour l'instant.

Marie ne cesse de sourire, et je reçois ce cadeau comme la promesse d'un avenir radieux.

Elle vient de me révéler chaque instant de ma vie future et parmi ceux vers qui je vais revenir. Mes inquiétudes s'envolent et aujourd'hui encore, je sais que c'est pour le bien de notre Humanité et non pour son anéantissement.

D'autres rencontres viendront pour conforter cette mission. Les reconnaissances explicites, des retrouvailles liées aux mémoires anciennes et la reconnaissance de ce que nous sommes vraiment.

Marie me donne son accord implicitement. Un chant d'allégresse monte en moi en m'éloignant doucement d'Elle et soutenant son regard maternel. Je ne prends pas conscience de l'importance de ce partage. Submergé par cet Amour, j'ai beaucoup de difficultés à réaliser ce qui vient de se passer.

Ses messages simples et humbles me parlent de la profondeur et non de l'apparence de ce qui est et de ce qui sera.

Du tout comme de l'unique, de la fragilité de l'ouverture sur ce qui échappe à la réalité.

De l'importance de ce que l'on ne veut pas voir.

De la pluralité des mondes, de ce qui doit se faire et que pourtant nous ne faisons pas.

De l'expérience de l'Amour.

De la duperie de ce qui a été déformé.

De la fin et du début.

De la transformation profonde de notre spiritualité.

L'acceptation de ces innombrables informations est essentielle. Je redonne à chaque mot, sa valeur spirituelle, et la reconnaissance de cette vérité lumineuse devient le nouveau socle de ma Foi.

Encore aujourd'hui écrire cette vérité me semble déclencher un séisme qui pourrait mettre à mal certains d'entre nous. Je me sens petit et humble devant cette présence allégorique. Je ressens Son Amour puissant et vibrant. Je L'aime tant. Ses mots me pénétrèrent avec force et conviction. Il y avait autant de bonté que de beauté. J'arrivais avec peine à discerner l'immensité de ce qu'Elle essayait de me faire comprendre et de me faire admettre.

La clarté de Son visage me permet d'entrevoir Son humilité. Son sourire étincelant effaçant toutes interrogations m'autorisait à m'abandonner à Elle. Je me sentais serein et confiant en écoutant SA pensée, ce chant mélodieux plein de pureté.

J'éprouvais une reconnaissance inouïe face à cette maman, face à cette âme remplie d'attention et de compassion.

Elle se rapprochait et m'enlaçait à nouveau. Je reçu la plus belle des caresses qui illumina mon âme en m'initiant à l'Amour divin.

Je ne fus plus là. Je suis ailleurs, dans le firmament, je ressens, j'apprécie, je savoure et je saisis chacun de ces moments privilégiés. J'ai conscience de l'infiniment beau, de l'immensité de la création. Ma vue embrasse l'infini, mon ressenti est à son paroxysme...

La puissance de l'amour s'imprime dans ma mémoire, mais aussi son manque accentue ma douleur. Je ressens l'admirable comme l'intolérable, l'abondance comme l'indigence, l'euphorie comme la peur. Chacun de ces instants vécus comme la réalité, me ramène à ce que je suis, et je comprends au-delà des mots et des allégations, la profondeur de cette réalité. Juste le dernier regard et Son sourire embaument une dernière fois mon âme, le parfum exalte ma perception, l'alliance des lumières l'enveloppe puis Elle disparaît.

Vivre avec cette absence, ce manque d'amour orienterait toute vie vers le déchirement, le traumatisme et l'abandon de l'espoir. Gravée à jamais dans mon être, je ressentirais en permanence cette douleur liée à l'absence d'amour dans notre humanité.

La lumière s'intensifie et recouvre l'horizon ; à moi d'en comprendre le sens.

La justesse de cette sphère détonne avec l'atmosphère d'en-bas ; les mots détournent la parole divine ; on peut lire la justesse et l'authenticité au fond du cœur de celui qui respecte la liberté d'autrui, en revanche, aucune gratitude à celui qui impose son joug. L'âme doit vivre avec foi ce qui est en elle, sa source et par cela l'amour triomphera.

Mes compagnons me rejoignent et avec eux, je m'engage de plus en plus dans cet univers lumineux et découvrais ainsi cette closerie dans son ensemble. Des présences lumineuses s'activent pour m'offrir la source, l'origine de toute cette activité rayonnante et flamboyante.

Aucune limite, l'infini fourmille de couleurs et de formes majestueuses offertes comme la manne divine.

En survolant cette infinitude, je comprends et j'admets mon ignorance. Plus j'avance dans la connaissance, plus le mot « Amour » est omniprésent, mais j'étais loin encore de l'assimiler dans son ensemble. De près comme de loin, toutes ces formes incroyables étaient animées de cette grâce que seul l'amour peut offrir.

Mes accompagnants me donnent un nouvel élan pour m'élever encore plus haut. Le panorama s'élargit, l'horizon fuit, et les profondeurs prennent des allures encore plus vertigineuses. Les lumières s'intensifient lors de notre élévation, et donnent l'illusion d'une immense cité aux couleurs chatoyantes.

Dans ce firmament incandescent, des myriades de présences brillantes semblent ondoyer comme le font les aurores boréales sur Terre. Un parfum délicat s'en exhale et comme des fumerolles caressantes, elles nous entourent pour créer une cohorte scintillante.

Euphorique, transformé, bouleversé, je suis partie prenante de cet indéfinissable. Mes compagnons me soutiennent et m'incitent à me libérer de mes sensations pour cheminer vers une autre réalité.

En me détachant de cette étreinte, je fixe à jamais ce moment exceptionnel, lumineux et transcendant. J'ai reçu ce cadeau d'amour pour en prendre soin et cela ne me quittera jamais.

Assimiler toutes ces informations génère une multitude de questions. Avoir vécu cet inconnu, reçu ces sensations éblouissantes en apercevant cette représentation divine, me font mesurer l'importance de ma nouvelle mission terrestre : mieux aimer, mieux vivre pour atteindre ce palier suprême.

Jouissant de cette éternité incommensurable, je découvre sans fin ce qu'est l'amour et tout ce qui se crée en son nom : mille et un parfums, mille et une splendeurs florales colorent à l'envie notre avancée.

Le « parfait » a supplanté le « médiocre » dans ce monde où se juxtaposent vérité et puissance.

Ne pouvant détacher mon regard de cette immensité, je découvre à la lisière, le début d'une autre vibration, celle d'un champ infini de gratitude où cohabitent simplicité et compassion.

Entouré de sensations vibratoires bienveillantes, je baigne dans une plénitude et l'indicible qui se profile devant moi m'invite à m'aventurer au-delà de cette limite. Mes compagnons me renseignent alors sur l'exactitude de ce monde, ce qu'ils appellent le « summum », le début de tout.

Je m'enfonce alors dans d'immenses espaces aux couleurs subtiles, et j'accepte de comprendre ce que je ne connais pas et que je ne peux nommer. Mon âme me sert de guide pour déceler chaque détail, chaque vibration de ces nappes luminescentes et je sens que, baigné dans l'extraordinaire, j'ai la capacité de toucher du doigt le magnifique, je suis à l'orée de l'impensable... Mes compagnons se pressent autour. Je suis transformé et profondément bouleversé, relié à quelque chose d'indicible. Ils me soutiennent et me forcent à la rupture, au détachement de ce que je venais de ressentir, pour cheminer vers une autre réalité.

D'un simple souffle, le silence s'impose de nouveau. Je reviens vers moi, vers ce que je suis, puis de nouveau l'envol.

Le voyage n'est pas fini ; je suis avide de savoir, j'observe avec ingénuité ce qui se présente à mes yeux. Les mondes se succèdent à folle allure, et j'ai à peine le temps de comprendre cette récurrence. Je suis au paroxysme de ma compréhension et pourtant tout est toujours plus lumineux, les synergies sont de plus en plus subtiles et pures, l'environnement plus impénétrable. J'évolue vers la supra-harmonie.

Quelle perspective glorieuse indéfinissable suis-je obligé de constater alors ! « Beauté » définit très mal ce qui s'étend autour de moi. Mon imaginaire tant sollicité depuis le début de mon voyage, ne me donne pas la solution pour qualifier ce que mon regard absorbe indéfiniment.

Le jardin ... Le ravissement

Ému par tant de bienveillance, je me retrouve au centre de ce que j'ose appeler : « le jardin des béatitudes »

Autant précédemment je ne me suis jamais retrouvé dans une telle situation, autant dans cet instant précis, je ressens vibrer mon âme et reprendre une dimension inconnue. Celle d'être en osmose avec une profondeur grandiose, celle d'aimer au-delà de cette puissance connue comme la représentation divine.

Je me sens absorbé par la reconnaissance de ce que je suis. Je suis face à ce que je suis, l'ouverture est colossale, ce n'est plus un miroir dans lequel je m'observe. C'est fascinant d'être en dehors de soi, de son âme et de goûter à cette joie immense devant la splendeur de celle-ci.

Je suis le tout et ébahi devant l'extraordinaire richesse de ce que je discerne. C'est au-delà de ma vision éthérée, de ma compréhension en tant qu'élément singulier. La surabondance de joie clarifie la réalité de ma singularité. Je me suis plongé dans cette incroyable énergie. Je réalise sa dimension éternelle et son extraordinaire beauté.

Je comprends tout et j'accepte cette énergie intégrale comme évidente et indissociable. Je vois les synergies permanentes redorer chaque parcelle singulière de l'âme comme une manne bienveillante.

La reconstruction emblématique de ce que nous sommes est à ce niveau divin, par l'explosion de la puissance incroyable de notre étincelle divine ...

Chaque déstructuration de notre enveloppe éthérique protectrice, perturbée par notre implication dans la matière est reformulée pour que les stigmates infligés par des effondrements, des blessures ou malversations se restaurent. Ainsi cette enveloppe tutélaire avance sur son chemin de vie moultes fois embaumée.

De découverte en découverte, j'avance dans ce joyau divin, vers la reconnaissance de mille et mille synergies d'amour.

Dieu est à la fois dans l'intégralité de ce qu'il englobe, c'est-à-dire le tout infini et en même temps c'est une singularité que chaque âme peut éprouver, avec puissance et exclusivité. Cette gloire sublime reformule en moi la conscience de ce que représente le divin. Cela me rend ivre et conscient de mon immortalité.

Ce jardin fleure merveilleusement et rend honneur à ce que je suis par l'ouverture originelle à cette appartenance divine que chacun de nous expérimentera dans ce périple spirituel, qu'est l'au-delà.

Puis vient la récompense suprême de cette certitude, vers la supra harmonie... L'envol prend une force démesurée, accompagnée d'une foultitude d'énergies. L'espace s'agrandit sur des horizons inconnus. La prospection demandée s'ouvre alors sur une réalité, sur une joliesse incommensurable.

La lumière intensifie mon enveloppe. L'aspect reconnu de ce que je connais de mon âme, devient éclatant. Je ressens le bien-être au-delà de la notion intelligente de ce que je suis. Cette montée vibratoire est comme un grand pas dans cette éternité, un pas de géant dans l'amour.

La présence de ces énergies, tremplin de ma glorification éclaire les horizons et l'aspect d'éther de ces paysages est surprenant. Les limites ne sont plus, la volumétrie est si sublime que bien des incompréhensions gèrent mon ressenti.

Cette supra harmonie dont la frontière n'est que l'égal de mon incompréhension, me permet d'observer et non de pénétrer ces champs sublimes qui peuvent paraître imaginaires. Au-delà de la compréhension humaine, la supra harmonie reste accessible à celles dont la pureté ne peut l'entacher…

Pour aller plus loin dans la prospection de cette expérience, à l'approche de cette supra harmonie, je vous invite à lire « Concession à perpétuité *», ce deuxième livre effleure cette sphère, là où l'impossible existe.

(Concession à perpétuité – Chapitre 'La supra harmonie'. Ed. La Providence*
Providence
V. Hamain)

Glose

Prisonnier de ces myriades de ressentis, je ne peux exprimer cette joie immense qui me brûle de l'intérieur. L'impossible vient de se réaliser et pourtant, il n'appartient pas au passé, il est dans l'instant et à jamais présent.

Je visite et revisite chaque parcelle d'amour reçue avec à chaque fois, cette résonance de ce que je connais depuis si longtemps. Est-ce un retour à l'amour qui brille dans mon for intérieur, ou est-ce simplement la résurgence permanente de ce que nous sommes tous réellement ?

La notion d'un passé ressemble plus à une mémoire présente, de ces moments sublimes, de ces instants majestueux. Il n'y a point cette récurrence temporelle qui appartient à ce que nous connaissons ici sur Terre : la notion du temps qui passe, qui n'est pas modifiable. Revivre une mémoire présente, l'instant de ce qui appartient à ce qui était juste avant, en fait un présent éternel. C'est dans cette notion que la plénitude de ce que vous êtes ne finit jamais.

La sphère de Marie était pour moi la découverte d'un présent éternel. Passant de sphères en plans et de niveaux vibratoires en mondes, l'ascension me fût des plus emblématiques, sachant que ce que je viens de visiter, n'est qu'une infime partie de tout un ensemble d'univers et de tout un ensemble de mondes merveilleux.

L'infini de ces emblèmes divins est au-delà de notre portée en tant qu'énergie issue de Dieu.

Il n'y a aucune limite dans l'amour universel, ce mélange subtil et harmonieux qui compose la notion divine, entre le bon, le bien et le beau. Cette notion est illimitée. La bonté suprême, la bienveillance éternelle et la beauté ascensionnelle couvrent à l'expansion, l'appréhension de Dieu.

Tout au loin, il n'y a pas de source divine, sa présence est la permanence d'une énergie supra intelligente, créatrice, qui génère un flux permanent d'un amour pur, universel. Il est sans limite, intemporel, infini et éternel.

Autant, dans l'ascension vibratoire de l'âme qui est en recherche de son apogée, pour se rapprocher de Dieu. L'âme aspire à se nourrir d'amour et la richesse de cette dimension n'a de limite pour une réalité infinie et éternelle.

Cette ébauche temporelle dans laquelle sur Terre nous nous déplaçons, revêt une particularité qui n'est pas sur d'autres mondes tant les physiques sont disparates. Dans les mondes éthérés, la connaissance des moyens qui sont mis à notre disposition pour vivre est la première expérience dans laquelle nous allons évoluer.

Si le temps n'est plus, il reste cependant cette notion comme un assemblage du passé, présent et avenir. La vie dans l'Au-delà est une suite infinie d'instants pour lesquels il est possible d'y revenir, de revisiter ce qui vient d'être tout en restant dans le présent pour appréhender l'avenir. Cette occurrence temporelle relative constitue une approche du concept de l'éternité.

La pensée, moteur de votre vie éthérée a de multiples capacités. Par exemple, elle vous permet de voyager dans l'instant, de ralentir cet instant, mais aussi elle créée votre environnement. Elle est votre vie et vos envies. La pensée est aussi étroitement liée à la notion dimensionnelle.

Sur Terre, le temps qui rythme nos vies et les dimensions qui séparent des lieux différents, représente pour nous une pression temporelle.

Dans l'Au-delà pour parcourir des étendues infinies et parvenir à les visiter, cela dépend uniquement du présent ; c'est-à-dire que nous sommes dans une permanence de temps dont l'instant permet d'être à un endroit précis, créé et environné par notre pensée. Il n'a aucune influence sur la distance à parcourir pour aller d'un point à un autre et il permet d'envisager d'être aussi présent à des milliards de kilomètres.

Une ubiquité spirituelle, cette présence sur deux points dimensionnels différents reflète la puissance de la pensée, entre autres pour voyager sur des distances infinies en l'instant présent. La pensée peut aussi se ralentir afin de profiter de la beauté du voyage, de ce qui nous entoure et de ce qui se perçoit.

L'espace que nous percevons depuis notre vaisseau terrestre est bien différent quand vous vous éloignez d'elle, de par une nouvelle notion différente qui prend le dessus surtout : la notion universelle. Nos astronautes, cosmonautes parlent de beauté et de grandeur, d'infini où l'on ressent face à la beauté infinie, la profondeur de quelque chose qui nous dépasse et que l'on ne peut percevoir les deux pieds sur terre, cela prend alors l'allure d'une nouvelle dimension.

L'appréhension de cette nouvelle dimension n'est possible que si l'on s'élève géographiquement, mais aussi spirituellement. L'univers tel que nous le voyons à travers nos lunettes ou nos écrans n'a rien de comparable à cette réalité universelle. Sortir de son environnement naturel terrestre offre cette jouissance incomparable, que simple terrien nous ne pourrons profiter.

Notre technologie actuelle, ne nous offre qu'une maigre consolation celle de la représentation au travers de personnes nanties intellectuellement et physiquement.

Le simple quidam qui représente une majorité écrasante, n'a aucune chance de voyager dans ces dimensions inconnues. C'est en cela que la surprise est incroyable, quant à votre devenir après la mort.

L'univers tel que nous le connaissons au travers de nos livres et photographies, n'a rien de comparable à cette réalité dans laquelle vous allez vivre, quand vous aurez maîtrisé votre vie d'après. Non seulement comme je vous l'ai décrit, mais aussi l'appréhender au-delà et au-deçà du visible, l'étendue infinie d'autres univers.

L'homme dans sa nature profonde a besoin de connaître les limites qui lui sont imposées de par sa nature. Mais aussi celles de ses capacités, celles de son environnement et de sa vie…

La vie, ce terme qui défie la mort de ce côté éthéré est plus vivace que l'on peut l'imaginer. Sa singularité est qu'elle évolue en permanence et qu'elle permet l'élévation de l'âme en permanence. Les limites n'existent pas. Ce ne sont que ses capacités qui ralentissent son évolution et son élévation.

Toutes formes de vies évoluent dans les univers et dans chacun de ces univers, il n'y a aucune limite pour son existence. Même si les conditions requises sont fragiles pour que la vie surgisse sur une planète. Les formes sont bien différentes pour que la vie prenne racine sur un monde.

Ce sont des milliards de civilisations qui existent et coexistent dans notre univers. Chacune différenciée en fonction de son élévation et pour autant d'univers que l'infini peut limiter.

Cette gigantesque émancipation de la vie dans les univers, reflète cette formidable création divine. Ces univers qui enflent en permanence, sont-ils aussi peuplés que nous pourrions l'imaginer ? Ils ne se remplissent pas de vide, ils se remplissent d'énergie divine. Devant cette colossale émancipation, notre dimension terrestre devient universelle.

La vision de ces multiples univers (Multivers) rend obsolète l'appartenance à la vision égocentrique d'une race humaine uniforme et parvenue.

Dans les mondes éthérés qui se graduent en fonction de leurs niveaux vibratoires, ils existent de multiples ensembles de sphères où la vie est latente pour permettre l'intégration future dans un monde plus élevé.

Cette demande pour certaines âmes est voulue pour légitimer leur assimilation, pour d'autres de reprendre le niveau auquel elles appartiennent quand de retour de vie terrestre, elles débarquent suite à des départs violents et de souffrances. Le trouble dans lequel elles sont, est généralement bienfaiteur, un sommeil réparateur est alors nécessaire.

La notion du temps qu'il faut n'est plus, chacune
"prend le temps" pour réparer et se nettoyer.

Cette notion temporelle ici est nécessaire, elle est importante.

La notion centrale de quelque chose n'apparaît pas dans les cités du monde spirituel et dans leurs périphéries non plus.

Ici, sur cette terre, au niveau des métropoles et des villes, la représentation de l'échelle sociale se délimite en rassemblement, en ghettos ... et ostensiblement avec leurs moyens matériels.

C'est une concentration qui est voulue, tenant compte des moyens financiers est généralement elle se situe en son centre ou comme dans certaines métropoles dans des quartiers spécifiques au prix prohibitifs. Et c'est en périphérie, que se situent ceux qui sont de moins en moins pourvus, le petit peuple, les pauvres et les oubliés, comme dans certaines capitales.

De plan en plan, j'ai parcouru multiples cités spirituelles, les banlieues ne sont que la représentation des limites imposées par la profondeur de notre âme. Mais l'âme méritante ne réside pas au centre d'une cité. Les cités ne sont qu'une suite infinie de compositions de demeures emblématiques représentant la profondeur des fratries qui les occupent. Il n'y a ni porte, ni barrière, ni octroi pour venir dans celles-ci. L'accès dépend uniquement du niveau auquel vous appartenez.

Chaleureusement, chaque fratrie ouvre sa demeure par souci de partage et de convivialité. Les jardins où la nature est aussi emblématique que les demeures fraternelles qu'ils entourent, ressemblent à des arcs-en-ciel de couleurs dont l'énergie qui les compose est aussi changeante que les saisons terrestres. C'est une suite vibratoire extraordinaire.

La profondeur de cette nature est limitée par le niveau énergétique de l'âme qui compose ces fratries. Les horizons sont plus restreints. Les cieux moins lumineux et les cités moins imposantes. Plus l'élévation est importante, plus la profondeur s'élargit, plus la beauté est grande. Les cités se rivalisent dans cet engouement de la beauté et de l'expression emblématique de l'amour.

Au contraire, dans le bas astral, l'environnement est restreint. La profondeur est aussi l'égal du niveau d'amour qui habite les âmes meurtries… Tout n'est que proximité. L'avilissement qui les assaille continuellement, construit une prison restreinte aux seules ambitions qui les nourrissent.

Le développement de ces cités magnifiques respecte la volonté de chacune de ses demeurantes. Chacune se développe en osmose avec l'ensemble. La singularité est la fleur qui détermine son identité. L'initiative est reine. Elle ouvre les géométries architecturales sans cesse en cours, pour créer une harmonisation commune. Chacune de ces demeurantes trouve l'élévation dans ces initiatives et dans un développement encouragé par toutes.

C'est ensemble que l'élévation se fait à des plans supérieurs. Parvenues au terme d'un plan identitaire, ces âmes œuvrent en collégialité pour édifier l'osmose de la fratrie. Plus vous agissez dans ces sens spirituels, plus la grandeur amplifie votre force, plus elle renforce vote âme à plus de gloire.

Comme le temps n'est plus une contrainte, l'âme a le loisir de quitter provisoirement cette synergie, pour explorer son environnement, l'univers, afin de raffermir le désir d'élévation. La pensée a besoin aussi de se formuler à un enseignement. L'âme choisit suivant les conseils de ses accompagnants, de suivre la voie adaptée au respect du libre arbitre, pour parfaire sa pédagogie spirituelle.

L'accès est libre. Chacune de ces postulantes reçoit sa manne de façon à ce qu'elle profite aussi à la communauté, l'apprentissage pour certaines est laborieux, mais pour palier à cela, elles peuvent suivant leur désir rétrograder pour mieux appréhender le plan inférieur. Cette incursion n'est que furtive, l'importance c'est l'assimilation.

Comme déjà abordé dans les précédents livres, le désœuvrement est un signe d'alanguissement. Il est incontestable pour beaucoup d'entre elles. Pour cela, les accompagnants ont un devoir absolu, celui d'instruire l'âme en déperdition, parce qu'elle révèle une gourmandise effrénée.

L'inaction est louable tant qu'elle se situe dans un besoin de découverte, mais aussi, elle devient une contrainte à l'avancement. L'âme sent un besoin excessif de rattraper un retard tout relatif, afin d'assouvir ce besoin de relèvement.

Il est des instants où l'âme éprouve l'attirance aux forces supérieures. Elle attire de ce fait des esprits empathiques à elle, commence alors cet apprentissage qui va l'élever vers le savoir spirituel.

Il est aussi des grands rassemblements comme décrits dans les précédentes lignes de cet ouvrage, des rassemblements caractéristiques qui signifient une forme de campagne d'intégration. A ces niveaux, on ne peut parler d'errance. Certaines âmes ont acquis un savoir spirituel, qui les rendent aptes à descendre dans les états inférieurs, pour signifier aux présentes en difficultés, de recevoir l'expression de l'amour comme moteur à leur élévation.

Cette intégration dans des plans du bas astral, est pour l'âme malgré tout aguerrie, une contrainte énergétique complexe qui affaiblit ses défenses vibratoires. Ces plans de très bas niveaux sont redoutables tant l'énergie lourde impacte fortement les âmes demandeuses.

Ce poids tente de dissoudre leur protection énergétique en jetant le doute et le doute tente d'anéantir la confiance. Cette permanence influe lourdement sur l'âme éprouvée.

Autres allégations

Pour parfaire toute cette aventure, je n'omets pas de vous parler de ces plans de travail et d'amusements, mais aussi des lieux de soins et d'éclairements.

Le besoin insatiable de l'âme à vouloir sans cesse se perfectionner, lui ouvre des plans où la notion d'édification est tout particulière, ce n'est pas dans les universités, les écoles, les laboratoires, les bibliothèques tels que nous les imaginons que l'âme est en train de se parfaire. C'est une particularité qui tient compte de la singularité de l'âme : c'est l'ouverture intime vers le savoir divin, comme si vous étiez face à un paysage holographique dans lequel sont inscrits des informations, des esquisses qui vous révèlent un concept. C'est à partir de ce travail d'observation, que l'âme va acquérir un certain savoir qu'il faudra parfaire par d'autres observations dimensionnelles.

On pourrait le définir comme un jeu dans lequel des indices sont visibles et leur architecture correspond à une valeur de connaissance. Cette façon ludique embellit la recherche et construit comme cela, l'envie d'élévation.

L'âme a cette notion aussi de fatigue, qui reste imprégnée de son séjour terrestre. Pour cela, elle construit un environnement dans sa fratrie, où la notion de jour et de nuit existe. Elle peut se reposer et rentrer dans un sommeil anesthésique qui va lui permettre ainsi de retrouver de la vigueur.

L'âme n'a plus ces sentiments névrosés qui sont liés à un parcours difficile dans son incarnation sur Terre. Pour cela elle passe juste après sa « revue de vie » dans un plan très particulier :

Ce plan est un état où l'âme reçoit son dû d'énergie, par la reconnaissance des erreurs qu'elle a faites dans sa vie terrestre. Ici, il ne s'agit pas d'erreurs commises et comprises tel que pourrait les juger l'être humain. Non, ici sur ce plan de régénération purgative, la notion d'erreur est tout autre. L'erreur est un état d'incompréhension lié à un manque d'objectivité.

Il s'agit ici, de comprendre ce qu'est l'orgueil, ce qu'est la vanité ; cet ascétisme spirituel qui nous habite, est dans ce sens pour admettre notre faiblesse. Pour cela nous sommes accompagnés d'âmes spécialisées qui œuvrent dans le plaisir de la compassion, afin que cèdent nos blocages et les barrières qui empêchent cette rédemption. Pour certaines, ce n'est que furtif, pour d'autres par contre, c'est long, fastidieux et souvent à réitérer afin que se désolidarise l'attachement à l'égocentrisme.

Ces plans purifiants sont toujours les plateformes de départ pour permettre le retour aux plans qui nous correspondent vibratoirement.

Afin d'éviter tous ces lavements spirituels, il serait bien que vous laissiez certains sur Terre, ces lourdeurs, ces douleurs de vie avant de partir pour l'Au-delà, par le pardon de ce que vous êtes et par l'acceptation de tout ce qui a été votre vie.

Cette vie ne vous a pas épargné, même si pour certains, elle a été faite de légèreté et de facilité.

Chaque étape de votre vie, chaque instant de ce cheminement dans lequel vous avez été tout le long de votre vie, marque profondément votre âme comme une trace indélébile. Elle stigmatise ou elle embellit l'Aura de votre âme.

Les défaites face à l'amour, mais aussi les combats contre la noirceur, tout cela est répertorié dans votre « bibliothèque » intérieure. Chaque moment, parole, sont conservés dans un endroit de votre « Tabernacle ».

Entériner

Le Contexte

La situation dramatique dans laquelle nous vivons tous, de près comme de loin, est une suite logique liée à l'absence d'un principe fondamental, perdu dans les méandres successifs des sociétés humaines qui se sont alternées suite à des chaos respectifs ; ceux-ci, malheureusement n'ont jamais mis en exergue la loi de l'amour universel. Prenez conscience et validez votre décision au travers de ce que vous ressentez dans ces phrases qui vont suivre.

Depuis maintenant quelques années, chacun d'entre nous est confronté à une déstabilisation profonde de notre société, de par les situations complexes dans lesquelles les gouvernants nous obligent à vivre : la peur insidieuse d'un avenir sans lendemain, la terreur de l'éclat d'une bombe et l'absence totale de vision éclairante sur la situation d'une Terre moribonde.

Le point de non-retour a été franchi depuis peu et personne aujourd'hui ne peut prétendre pour lui et pour sa famille à une vie future harmonieuse, sereine et équilibrée.

L'absence de cet espoir est liée étroitement à notre responsabilité de par la négligence du sens propre de la vie : celle d'avoir acquis la certitude de bien vivre aux dépens des autres, de s'être voilé la face pour la misère d'à côté.

La faim dans le monde sera une certitude beaucoup plus incisive qu'elle ne l'a été ; chaque personne aura à gérer sa propre fortune d'égoïsme parce qu'aujourd'hui, toute l'humanité commence un exode sans limite et qui finira malheureusement par un chaos indescriptible si l'on reste impassible et indifférent à la misère de l'autre.

Les éléments seront par contre impitoyables pour les injustes. La grande lessive a commencé et les horreurs de la destruction sont à venir. Des processions de nettoyeurs venteux de plus en plus forts aux trombes incessantes prendront la succession des saisons et les paysages auront fort à faire pour résister à un tel déferlement. L'eau aménagera les pourtours au gré des hauteurs des côtes.

Les vents et marées seront d'une force jamais connue au-delà de l'impossible admis. La Terre remodèlera sa surface afin de combler d'immenses cavités souterraines. Des effondrements gigantesques à l'échelle de pays et de régions seront recouverts par cette eau envahissante. Les continents ne ressembleront plus à ceux qu'ils sont aujourd'hui.

La faim sera le risque majeur pour les populations en exode et les justes qui les accueilleront auront à faire à une tâche titanesque. Les gouvernements ne pourront gérer cet afflux et l'anarchie prendra le relais à la stabilité. L'homme commencera alors le début de sa propre disparition...

Telle sera cette situation dans peu de temps si l'égo dominateur continue à proférer des actes et des injonctions qui annihilent le concept du partage des ressources et des biens, du respect intrinsèque de notre terre et avec l'obligation de ... au détriment de la liberté.

Ce qui est et sera possible de faire

« Bien malin celui qui pourrait y répondre... Mais ? »

Le salut dépend de chacun de nous et c'est ensemble que nous réaliserons le rehaussement de cette situation qui est plus que dramatique, les difficultés devant ce « mur des Lamentations » seront pour certains inexorables et inéluctables, pour d'autres ce sera le challenge de toute une humanité effrayée, de reconstituer d'autres bases pour permettre d'évoluer sur une Terre nouvelle exsangue de souillure. Cela est possible dans une concorde d'amour et d'équilibre.

De cet équilibre naîtront de nouvelles nations qui n'auront de cesse de se reconstruire dans une paix durable et inéluctable. L'abolition de l'idéologie ostensible permettra la ressource spirituelle et l'avènement d'un monde juste, équilibré et rayonnant loin des dogmes et obligations dévastatrices d'antan.

La structure sociétale établie depuis de nombreuses générations dans l'ancien legs, ne sera plus sur les mêmes socles. La hiérarchisation enracinée suivant le principe du savoir prendra des tournures toutes différentes. Ce n'est plus l'expérimentation des études qui fera les souches d'une carrière, mais bien au contraire, elle permettra à tous l'accès au savoir par le soutien et l'affiliation. L'éclairage de la progression du savoir sera étayé par l'implication de ceux qui auront des dispositions. Il se fera envers ceux qui espèrent.

La recherche ne sera plus égotiste. Elle sera universelle avec des moyens de recherche plus élaborés et surtout ouverte à une forme de spiritualité, qui parallèlement lui donnera les moyens insoupçonnés à un développement au-delà de ses attentes. L'accès à l'impossible sera l'avènement d'un nouveau monde, où l'homme conscient de son universalité ouvrira le champ immense de l'exploration pour un bienfait. Alors commencera un nouveau cheminement pour l'élévation d'un monde vers une communauté grandissante et universelle, au-delà d'une confédération extragalactique. La Terre ne sera plus le terrain de l'exutoire mais celui du renouveau, le monde « d'après ».

Que devons-nous faire avant ?

Aussi simple que cela est, l'amour est le levier du changement profond de l'humanité. La révolte, n'est qu'une solution morbide sans lendemain dans un monde si verrouillé que tout le monde manipule tout le monde. La subordination, n'effleurera que l'environnement proche ; l'idée est séduisante mais son efficacité est réduite de par l'implication de la structure civile et l'encagement de l'intérieur par le cadenas de la pyramide financière.

L'attente et l'atermoiement accélèrent le processus de verrouillage.

La prière n'est pas de bon aloi, pour la simple raison de notre l'acosmisme civil, l'universalité n'existe que dans les livres et écrits romanesques. La prière soulage et la demande n'est pas objective car la prière, c'est aussi l'action et le faire. La prière pour soi envers le Tout Puissant prime alors que nous oublions celle pour l'autre. Alors que l'inverse est une loi universelle.

Il ne reste que l'acceptation et de sauver ce qui doit être sauvé. Sauver quoi ?

La résilience

Sauver son âme pour éviter le passage difficile, le passage étroit du regret.

Comment sauver son âme même jusqu'à l'extrême limite ? Garantir son âme,

- C'est prendre soin de soi,
- Accepter ce qui est,
- Accepter toutes nos erreurs passées,
- Nous pardonner pour avoir expérimenté la vie que nous avons délibérément choisie,
- Nous permettre le pardon efficient et non l'excuse,
- Permettre à l'amour de nous envahir et lui permettre qu'il prenne possession de nous.
- Enfin, permettre ainsi l'ouverture sur les champs des possibles.

Alors viendra le cycle de la délivrance en accord avec ce « vôtre », ce que vous êtes réellement et non plus le « moi » manipulateur, que vous avez été. Ce sera pour vous l'éclairement d'un monde bien supérieur à vos espérances, là où réside la permanence de l'énergie la plus emblématique, la plus infinie qui soit et le passage dans le plus beau jour de votre vie, la vraie vie.

Pour permettre ce cycle, il est judicieux de comprendre ce qui vous paraît inaccessible. Votre quotidien vous rend aujourd'hui inquiet. Votre mental se remplit ainsi d'incertitudes qui désorganisent de ce fait votre relation à la vie. Ce cycle de réhabilitation, passe par la bienveillance et l'acceptation qu'il existe dans ce qui vous paraît inaccessible au fond de vous. Une force induite qui délivre si vous la trouvez et surtout si vous l'acceptez, une onde bienfaisante. C'est ce que j'appelle un état qui n'est fait que de nécessité : l'au-deçà

Épilogue

Je partage maintenant les messages de Marie accueillis ces derniers mois. Certains me concernent directement, mais la plupart vous sont destinés chers lecteurs. Ils font souvent référence aux évènements que nous vivons en ces moments difficiles et que nous vivrons dans notre avenir.

Quand vous les lirez, soyez dans l'allégresse, car vous y ressentirez des énergies particulières et mariales. Tous Ses mots et Ses phrases sont porteurs de flux d'Amour et d'espoirs.

N'hésitez-pas à les relire plusieurs fois, afin d'y comprendre la profondeur de Ses messages. Certains tenteront de vous parler, de faire résonner votre âme, de rentrer en vibration avec Elle. Il y a des similitudes avec certains de Ses mots, comme une forme de redondance avec un passé où chacun ressentira son vécu.

Marie, tente au travers de Ses messages de lever le voile sur un avenir où chaque action, chaque mot prononcé doivent être porteurs d'espoirs et d'Amour, afin d'assurer notre pérennité. Marie ne se dérobe pas à cette justesse d'Amour. Ses dires reflètent toujours le même axe, le même cheminement d'Amour dans les mêmes énergies célestes.

Aujourd'hui, quand j'accueille Ses messages, cela se passe d'une façon fortuite et sans prévenir. Généralement, cela se passe en « réunion » avec mon épouse, qui elle réagit d'une façon prompte à capter et à enregistrer ce que Marie tente de me communiquer.
Comme dit mon épouse, quand je commence à transmettre les messages de Marie, ce n'est pas ma voix qui émet ses vibrations, c'est autre ou autre chose. Néanmoins, ce sont des

messages courts et condensés qui orientent volontairement chaque lecteur sur des chemins différents de compréhension.

Cette « canalisation » n'est pas si particulière que cela. Je connais certaines personnes qui reçoivent aussi des messages qui « étonnement » se ressemblent.

Ce petit préambule afin de vous signifier que Marie est disponible pour nous tous sans exception. Il suffit d'ouvrir sa pensée d'Amour envers Elle. Vous permettrez ainsi à ce flux de venir écumer votre âme, effleurer vos ressentis et ouvrir votre perception comme une poignée de porte que l'on tourne, pour entendre les sons de l'extérieur.

Ne craignez rien, soyez rassuré et n'ayez aucune appréhension. Marie ne viendra auprès de vous que si vous le désirez profondément, avec humilité et sérénité. Videz vos pensées de cet instant et tâchez d'ouvrir l'écueil spirituel à Celle qui représente votre Maman de l'Au-delà.

Marie, la Vierge Marie est profondément aimante, sans aucune distinction. Elle représente la plus belle des Mamans, avec cette profonde affection qu'Elle a pour chacun d'entre nous. Sa force est inépuisable. Elle est présente partout là où il le faut avec bienveillance et grâce. Elle est douée d'omniprésence ou d'ubiquité. Cet élan divin, fait d'Elle la majestueuse madone qui brille jusqu'au firmament.

Elle est humble et disponible, même dans votre plus profond désarroi.

Il m'a fallu beaucoup de temps pour que j'envisage ce retour à Marie, de cette façon. À vrai dire, je n'y croyais pas trop vraiment. Lors de cette Expérience de Mort Imminente – E.M.I., j'avais eu ce privilège de pouvoir La ressentir. Je me suis laissé bercer dans Ses bras et j'ai joui d'un Amour Divin. Le simple fait de me reconnecter à Elle, était intimidant pour moi et j'étais pris par le vertige d'une émotion trop forte.

Puis, il fallut des rencontres avec mes auditeurs, qui en conférence me demandaient si j'avais rencontré ces êtres emblématiques lors de mon E.M.I ? Je déviais ainsi la réponse par ces mots « oui, des êtres d'exception ».

Cela était très difficile de décrire ces rencontres de vive voix, ne sachant trouver les mots adéquats pour affirmer la merveilleuse rencontre. Cette approche relève avant tout de l'intime. C'est pour cela que pendant de nombreuses années, je n'osais pas en parler.

Puis un jour, lors d'un repas, en face à face avec mon épouse, les messages sont arrivés et n'ont jamais cessé d'affluer.

Au début, ils étaient imprécis, lointains. J'avais beaucoup de difficultés à les débrouiller et à les interpréter. Je n'essayais même pas de les comprendre ; je mis ces derniers sur le compte de la fatigue et de l'incertitude de la vie.

Petit à petit, ils s'éclaircissaient par bribes et ainsi je pouvais les rassembler pour en créer la cohérence ; c'est comme cela que tout a commencé. C'était il n'y a pas si longtemps.

Je n'avais aucune question à formuler, Marie ressentait mes interrogations.

Je vous livre à présent ces échanges.

Messages de Marie

- *Il n'est que l'Amour, Il vous apportera sa précieuse volonté, Il en est la preuve,*
(Jésus reviendra apporter votre obole. Sa volonté brillera au firmament au regard de son énergie Divine.)

- *Certains se lèvent pour votre devenir. Donnez-vous le droit d'avancer avec eux en ce sens.*
(Des âmes aguerries seront prêtes le jour où tout cela arrivera. Ressentez leurs énergies et prenez les mêmes chemins.)

- *L'Amour est la plus fine étincelle qui embrasera votre avenir.*
(C'est comme la brindille qui peut brûler toute une forêt. L'Amour est l'essence même de votre avenir. Celui-ci éclairera chaque instant de votre vie.)

- *Les citadelles ne sont pas mes maisons. Au plus près de vos instants et pour chacun, je vous offre mon Amour.*
(Les cathédrales ne sont pas mes demeures. Je ne suis pas que là-haut sur des piédestaux pour recevoir votre

obole. Je suis auprès de chacun de vous, dans votre fondement même. C'est de là que vous ressentirez tout mon Amour.)

- ***Méfiance, les stèles anoblissent le pouvoir de ceux qui profitent.***
(Méfiez-vous du pouvoir. Il est pernicieux, car sans vous en rendre compte, il émousse rapidement ceux qui en sont les détenteurs.)

- ***Soyez simple et humble, comme cette petite chapelle abandonnée, au fin fond d'un champ fleuri. C'est dans celle-ci que je suis et non en haut des piédestaux ou chapitres dorés.***
(Méfiez-vous de l'ostentation, restez humble comme je le suis.)

- ***Je ressens chaque pensée d'Amour, elle suffit à la prière.***
(Des litanies ne suffisent pas forcément, c'est l'intention qui ouvre la relation d'Amour et c'est cela que je ressens.)

- ***Sachez que je suis là, si près de chacun de vous, humble et aimante.***
(Marie répète l'importance de la ressentir en notre âme, humble et aimante, elle ouvre les portes de bien-être.)

MARIE, votre maman Aimante

<u>Messages de Marie recueillis le Jeudi 26 mars 2020</u>

- *Soyez patients, vous ne craignez rien.*
  (Courage, n'ayez aucune peur, je suis là.)

- *Le temps viendra pour vous.*
  (Ayez confiance, le temps est de votre avenir.)

- *La science ne peut rien.*
  (Vous avez beau essayer de vous protéger, rien ne pourra arrêter ce qui va se passer.)

- *Il faudra du temps pour nettoyer.*
  (Vous avez Sali en profondeur, détruit beaucoup et brûler l'essence même de la vie. Bien des décennies seront nécessaires pour rendre à la Terre sa clarté.)

- *Ayez foi, ayez foi.*
  (La/votre FOI est d'une importance capitale ...)

- *Dieu rétablit sa vérité.*
  (Dieu est en chaque atome que nous portons. Il en va ainsi pour l'ensemble des Univers. Par sa présence rien ne résisterait, par son absence rien n'existerait. Le jour viendra où l'homme face à son créateur, ne pourra que pleurer.)

- *Je viens pour vous éclairer.*
  (Je vous l'affirme, il n'y a que l'Amour.)

- ***Rassemblez- vous pour qu'il y ait une Unité.***
(Créez des groupes, pour que brille d'une seule flamme l'Amour pour Dieu. La dissolution des idées spirituelles est terminée.)

- ***Le pluriel prend le dessus sur le singulier.***
(Seul vous ne pouvez rien, ensemble vous pouvez TOUT).

- ***Vos gouvernements se fourvoient.***
(L'appât du gain, fourvoie chaque détenteur de pouvoir. Aujourd'hui, vous en êtes les victimes. Vos Gouvernants usent de leur influence, sous le joug des « Pyramides ». Ils n'ont plus la relation à ceux qui les ont élus. Du haut de leurs piédestaux, ils regardent avec orgueil ce qu'ils sont devenus, fiers de leur vérité. Ils seront à plaindre le jour où cela viendra.)

- ***Maintenant, la place est à l'AMOUR.***
(C'est la fin du règne de l'ante Christ, le Dieu argent se consume dans le rebut de son ascèse.)
- ***Certains ne seront pas crus et mis de côté et pourtant, ils détiennent la vérité.***
(Ceux qui savent vraiment ne servent pas ceux qui manipulent. Ils sont dénaturés parce qu'ils ne servent pas la médiocrité.)

- ***Chaque chose doit être vécue dans une situation où l'égo n'existe pas.***
(C'est par la quête de l'Amour, que les décisions doivent être prises.)

- ***L'éclat de DIEU viendra éclairer cette Terre dans peu de temps.***
(L'étincellement divin viendra éclairer notre Terre, pour ouvrir les consciences.)

- ***L'ivresse, la liesse des gens entonneront le chant final.***
(Quand cela se passera, les gens seront dans une liesse sans nom.)

- ***Nous nous préparons à vous recevoir, car beaucoup nous rejoindrons.***
(Il y aura beaucoup de morts pour ce temps-là. La mobilisation du ciel est Vérité. Nous recevrons cette vivacité comme la gloire de Dieu.)

- ***La preuve existe déjà.***
(C'est déjà commencé, vous le voyez au jour le jour. Vos gouvernements vous aveuglent et tentent ainsi à vous maintenir dans l'ignorance, en détournant les faits.)

- ***Vous savez, vous ressentez...***
(Au fond de vous, vous vous y préparez déjà ; c'est comme une évidence)

- ***Peu importe ce que dit l'autre. Soyez confiant, ayez foi en nous.***
(Beaucoup tenteront de vous détourner, affirmant ainsi votre conspiration. Vous êtes dans la FOI divine. Rien ne peut changer votre cours.)

- ***L'Universalité est enfin arrivée.***
(Les peuples célestes viendront vous apporter l'Universalité.)

- ***Peu le comprennent et beaucoup seront châtiés.***
(Vous deviendrez des impies. Vous serez jugés et concentrés.)

- ***N'ayez pas peur, n'ayez aucune crainte.***
(Ayez FOI en l'Amour divin, rien ne vous arrivera.)

- ***Votre heure viendra pour que vous répandiez ce que vous croyez.***
(Chacun d'entre vous recevra l'information, et vous sèmerez cette évidence.)

- ***L'Amour est Universel et dans ce sens, il faut le comprendre.***
(Le tout n'est fait que de singularité, mais L'Amour ne parle que d'une seule voie, celle de Dieu.)

- ***La loi est pour tous.***
(Il en va de même dans tous les Univers.)

- ***Peu importe les religions, peu importe les croyances. Maintenant, c'est l'heure de la vérité.***
(Une seule et unique voie, celle de l'Amour.)

- ***Dans peu de temps, au travers de ce que vous vivez aujourd'hui, beaucoup partiront et par la suite, beaucoup seront dans l'interdiction.***
(Vos gouvernants sont tentés de vous soustraire à la réalité de votre vie. Ils vous obligeront à vaincre vos

peurs dans le fourvoiement où la santé est le tremplin du profit. Votre refus signifiera l'enfermement, certains n'y survivront pas.)

- ***Chaque chose, chaque moment se suivra dans ce sens.***
(L'organisation est étudiée pour mettre en exergue l'obligation. C'est une suite sans fin qui prendra le relais pour de nombreuses années.)

- ***La vie vous est chère.***
(Pour beaucoup, le relativisme est le fer de lance de leur vie. Mais, cela aura un prix quant au moment où il faudra s'en rendre compte.)

- ***Comprenez qu'il faudra lâcher-prise.***
(C'est maintenant qu'il faut abandonner tout intérêt au « tout avoir ». Dans peu de temps, cela sera trop tard. Combien sont ces âmes qui chaque jour se battent pour survivre alors que certains d'entre vous engraissent leurs besaces de milliards de pièces d'or ? Ils sont à plaindre et c'est le plus pauvre qui leur tendra la main…)

- ***Si parmi vos proches, certains partent, c'est absolument nécessaire.***
(Survivre à ce qui va se passer, n'est pas de bon aloi pour beaucoup. Dans vos familles, certains seront appelés. C'est pour mieux les protéger et les sauvegarder, soyez rassurés.)

- *C'est se protéger, c'est les protéger, personne n'est à l'abri.*
L'Amour protège. Votre montée spirituelle favorise votre protection ainsi que certaines branches de votre famille.)

- *Ils ont raison. L'élévation est la seule chose qui permettra de braver tout ce que vous allez vivre.*
(L'élévation spirituelle est la seule voie, pour voir l'avenir, votre avenir glorieux.)

- *Ayez foi en nous, rien ne vous arrivera.*
(L'Amour est votre protection, celui qui vous anime, pas celui que vous croyez donner.)

- *Les peurs, les douleurs, les peines devront être comprises dans ce sens.*
(Beaucoup seront anéantis par la peur, charges à eux d'en comprendre le sens.)

- *Les choix vous appartiennent, mais n'oubliez pas surtout que chaque seconde qui vous appartient, est une seconde de plus dans l'espérance.*
(Votre libre arbitre règle le sens de votre vie par vos désirs, vos actes, vos pensées. Qu'en est-il de l'Amour pour vous, pour les autres et l'acte dans l'Amour ? Si maintenant, vous œuvrez dans ce sens, peu importe le passé, juste un moment d'Amour peut effacer tout un manque dans le cours d'une vie.)

- *C'est en cela que Dieu favorisera certains d'entre vous pour amener ce qui doit être fait sur Terre.*
(Vous serez reconnu. Vous recevrez la divulgation pour prendre le relais à la dévastation. Certains comme les « indigos » seront aptes à vous aider et à aller dans le sens du Divin.)

- *Il y aura des obstacles, peu importe…*
(Rien ne sera facile. Des luttes, des portes closes, des aberrations tenteront à vous faire rebrousser chemin.)

- *La solution de fin… Cette solution est la meilleure.*
(Rien ne pourrait continuer dans votre sens. Il y a trop d'égoïsme, trop d'orgueil. La destruction de l'Amour (l'apostasie) ne peut plus exister sur cette Terre. Ce monde n'est pas une terre d'expiation. C'est une terre d'expérimentation. Malheureusement, votre genèse n'est faite que de faits meurtriers au détriment de l'Amour … Cela ne peut plus durer. Des Démons ont siégé et siègent encore en haut des Pyramides. Tout doit être détruit, pour renaître sur une Terre de fraternité et d'Amour. Plus aucun mal, ne pourra prétendre à la vie sur cette Terre.)

- *Comprenez-nous, ils prendront le relais.*
(Ils viendront s'établir sur cette planète. Ces âmes incarnées redonneront le rebond nécessaire à la gloire divine. Ils viendront accomplir sur cette planète, sur cette Terre, ce qui aurait dû être érigé depuis bien longtemps.)

- *Ils sont comme vous. Ils ont vécu les mêmes choses. Ils sont donc aptes à vous indiquer le vrai chemin.*

(Ces âmes seront choisies faisant force de leur capacité pour rétablir l'ordre divin.)

- ***Peu importe l'apparence***
(Ces âmes ne seront pas toutes de cette humanité.)

- ***Libre à vous de choisir votre chemin, mais gardez confiance en nous.***
(Votre libre arbitre est le moteur de votre vie. Il est bien d'explorer des chemins de traverse. Soyez rassurés, nous serons toujours là.)

- ***Personne ne détient la vérité.***
(Sur cette Terre, la vérité n'est pas. Aucun de vous ne peut prétendre la détenir).

- ***Seule la vérité appartient à l'Univers.***
(La vérité se lit dans chaque élément de l'Univers. Quand vous regardez cet élément, vous regardez Dieu. Quand vous regardez une fleur, c'est Dieu que vous voyez)

- ***Vos chemins vont se croiser et se décroiser.***
(Certains devront partir afin de colporter. Certains se retrouveront, mais au bout il y aura la lumière.)

- ***Soyez toujours dans l'espérance du mieux et du bien.***
(Le mal disparaîtra définitivement de ce monde.)

- ***Vous êtes aidés … vous êtes confrontés et nous serons là pour vous aider.***
(Vous n'êtes pas seuls. Dans la difficulté, nous vous épaulerons. Nous sommes et serons toujours là.)

- *Croyez toujours en la force de l'Amour.*
(Renforcez votre foi en entreprenant l'Amour.)

- *L'ivresse viendra vaincre vos incertitudes.*
(Quand viendra le moment, la vérité éclatera et vos doutes voleront en éclats.)

- *Plus aucune peur.*
(Confiance absolue)

- *Cette vérité vous appartient. Elle est Universelle. Soyez heureux de le comprendre.*
(Votre FOI est votre force. L'Amour lui rend honneur. Il viendra le jour où tout cela se finira dans la gloire Universelle.)

AYEZ CONFIANCE …

Marie

Messages de Marie recueillis le 5 octobre 2020

- ***Demain soyez rassurés, demain il sera pour vous votre retour en gloire.***
  (Bientôt, viendra votre reconnaissance. Ce nouveau monde est votre véritable demeure.)

- ***Les choses se précipitent au détriment d'autres choses.***
  (Les évènements arrivent bien plus vite que vous ne les attendiez. D'autres seront oubliées.)

- ***Évidemment, ce qui est protégé sera protégé.***
  (Ne craigniez rien.)

- ***Nulle part dans le monde, rien ne pourra se soumettre à l'avenir de l'Humanité.***
  Ces pauvres hères dotés du manque d'amour, auront beau se cacher, même dans les plus grandes profondeurs, même sur les plus grandes hauteurs. Rien n'y fera. Le futur ne leur appartient pas. Ceux-ci partiront. Tel est l'avenir de l'Humanité.)

- ***Chaque moment, chaque phrase prononcée pèsent dans la balance de votre avenir.***
  (Soyez vigilant sur ce que vous dites et sur ce que vous faites. Tout est comptabilisé.)

- ***Votre liberté n'est que de courte durée.***
  (Dans peu de temps, vous ne serez plus libre.)

- *Le pouvoir diabolique regorge de satiété.*
Tous les forcenés de matérialisme qui ont les pleins pouvoirs aujourd'hui mettent en danger vos libertés. C'est bientôt leur Fin. C'est la Fin du règne de l'ante Christ).

- *Il vous est impossible pour l'instant de le contrer, mais il faut l'admettre bien évidemment.*
(Ne sortez pas du rang. Ne vous faites pas remarquer. Vous n'y pouvez rien. Laissez faire et vous verrez.)

- *Ceci est la chute de l'Humanité.*
(C'est la fin de votre Humanité afin que renaisse autrement la conscience humaine.)

- *La lumière divine descend sur vous afin que vous oubliiez tous ces moments de chagrin et de labeur.*
(Recevez au quotidien l'approbation divine. Elle atténue vos angoisses et vos peurs.)

- *Peu sauront ce qui sera.*
(Les plus humbles et ceux qui œuvrent pour l'Amour et au nom de Dieu seront informés.

- *Néanmoins, il est encore temps de changer. L'ouverture se fait par l'Amour.*
(Il est toujours possible, jusque dans les derniers instants, d'orienter sa vie sur le chemin de l'Amour.)

- *Bien au contraire, ceux qui n'y pensent pas ne seront pas admis dans cette gloire.*
(Ceux qui ne veulent pas y croire, seront bannis.)
- *La vie sera de courte durée.*

(Vous ne songez qu'à votre vie sur Terre, alors que l'infini vous attend.)

- ***Les âmes recluses partiront et celles qui resteront ont leur devoir d'Amour, afin que règne à jamais le royaume de Dieu sur Terre pour le bien de tous.***
(*Les âmes ayant gravement terni l'amour en elles, mourront. Les autres devront offrir aux présentes leur plus bel élan dans l'amour. A ce moment-là le royaume divin mettra en place ce paradis Terrestre.*)

- ***L'ivresse va s'emparer de vous tous, et certains vont croire que la fin de ce qui est aujourd'hui est proche.***
(Soyez patient, ne vous méprenez pas, le temps est nécessaire pour que se mette en place, l'ensemble de ce qui est prévu, pour « retourner » votre monde). – (inversion des pôles magnétiques).

- ***Simplement, ce sursaut n'est que l'apanage de quelque chose de beaucoup plus surprenant et de beaucoup plus difficile.***
(Quand ce moment sera, c'est la prémisse à un saisissement de taille qui ne peut que surprendre. Les temps après seront compliqués et insupportables.)

- ***Soyez rassurés les amis, vous êtes protégés.***
(vous serez sauvegardés. Mais, seuls ceux qui auront entamé leur chemin spirituel, pourront prétendre au regain de l'avenir)

- *Au travers de vous subsiste la gloire divine.*
(Ceux qui sont dans l'Amour sont marqués du sceau Divin.)

- *Transmettez à chacun qui demande l'obligation d'Amour.*
(Partagez tout ce que vous avez appris, ressenti, compris. A tout ceux qui sont en demande, parlez avec des mots simples et des actions notoires.)

- *Œuvrez dans la lumière.*
(Soyez dans l'Amour, ainsi sera pour vous le royaume des cieux.)

- *Abandonnez vos préjugés.*
(Soyez hardis, n'abandonnez pas au premier doute. Regardez davantage au fond de vous plutôt qu'au travers de votre apprentissage.)

- *Transformez votre âme vers un lendemain enchanteur.*
(Maintenant, il est temps de vous ouvrir à la lumière.)

- *Il y avait… Il y a eu… Mais il n'y aura plus.*
(Vous avez vécu. Vous vous êtes égarés. Cela est fini maintenant, l'après sera différent.)

- *La fin d'un monde, c'est le renouveau d'un autre et celui-ci sera glorieux.*
(Plus rien sur cette Terre ne sera debout. Le Renouveau sera glorieux et bâti sur des énergies Divines.)

- ***Chaque instant, chaque moment, chaque pensée, parole dites au nom de Dieu, pour l'Amour de Dieu est ce qu'il y a de plus important aujourd'hui.***
(Vous n'avez plus beaucoup de temps. Changez radicalement car demain il sera trop tard. Pour bénéficier d'un lendemain sur cette Terre, il faut transfigurer votre vie.)

- ***Seul survivra celui qui œuvre au nom de Dieu.***

- ***Il faut attendre pour bien faire. Ne précipitez pas les choses.***
(Ne vous précipitez pas. Réfléchissez quand l'instant sera là, le moment opportun se révèlera en vous.)

- ***Chaque instant, chaque moment sera pour vous la réalité de ce que vous êtes.***
(Tout ce qui est vous sera magnifié et sublimé. Vous réaliserez l'importance de votre émanation.)

- ***On vous a déjà donné beaucoup, on vous a offert un avenir serein.***
(Depuis la nuit des temps, plusieurs témoins admirables ont parcouru les civilisations pour amener la lumière et la parole divine, qu'avez-vous fait de cela ? Des idéologies se sont fondées au détriment de l'espoir humain, elles ont dénaturé l'ascendance de la parole sacrée, remise aux plus humbles de tous. Ces « pharisiens l'ont transposé à leur propre idéologie.
Vous avez dénaturé cet espoir et aujourd'hui pour vous, que reste-il ?)

- *Maintenant, ce n'est pas pour cela que c'est fini, bien au contraire. Bien des choses, bien des moments, bien des instants vous combleront de bonheur. Soyez ivres de cela.*

- *Englués, dans votre propre abêtisation, nous offrons ce renouveau afin que cesse définitivement vos attaches néfastes. Demain sera ce printemps lumineux.*

- *Votre relation a chacun est un fleuve d'amour pour nous.*

(Vos effluves d'amour au travers des autres, nous embellis ici).

- *Soyez humbles et sereins.*

- *Couvrez de tendresse et de bienfaits d'amour afin que subsiste en vous et pour toujours l'étincelle divine.*
Marie

- *Cette liberté tant attendue, viendra le moment où les hommes qui ont détruit l'Amour partiront.*
(L'instant du changement arrive. Ceux qui ont détruit l'espérance, l'Amour seront bannis.)

- *Il est cependant des moments difficiles à vivre pour que règne enfin la lumière entre vous.*
(Vous perdrez beaucoup ; certains membres de votre famille seront amenés à partir. C'est uniquement pour les protéger, pour les sauvegarder. Cette purification est nécessaire pour que l'avenir subsiste.)

- *Les mois à venir seront déterminants.*
(Vos réactions seront primordiales. Soyez très vigilants. Demain il sera trop tard.)

- *Les révolutions, les dangers viennent de partout. Il y aura beaucoup de morts si ceux qui nous gouvernent ne lâchent pas prise.*
(Le monde est en écueil. Les peuples se lèveront pour chasser les démons qui les asservissent. Beaucoup partiront faute de l'orgueil et de l'apostat.)

- *Car ces dirigeants se croient les puissants.*
(Ils ont des œillères protectrices. L'ego dominateur fait d'eux, des prisonniers de la pensée démoniaque.)

- *Mais sachez-le, ô combien, sachez-le, rien ne résiste à l'Amour.*
(Ils peuvent déclencher leurs armes et mettre toutes les armées du monde en travers, rien ne peut contre les forces d'Amour.)

- *Si les difficultés surgissent, évoquez le nom de Dieu et vous verrez le changement.*
(Si vous êtes pris dans les tenailles des démons, priez en conscience et demandez l'aide nécessaire. L'éclat d'Amour fera sauter tous les verrous.)

- *Les protections aujourd'hui sont mises en place.*
(Ils ne pourront rien faire pour empêcher leurs destructions, Leurs forces diminuent. Ce ne sont que leurs dernières armes.)

- *Bon nombre viendront des Cieux pour revaloriser ce qu'est l'Amour et pour ouvrir enfin, le chemin Éternel de l'Humanité vers la splendeur Divine.*
(Préparez-vous à ce que vos Cieux soient remplis de lumière. L'Amour Divin vous sera apporté avec éclat.

- *Il y aura cependant encore et encore des réticences.*
(Beaucoup de pays tenteront de résister avec leurs armes. Mais, celles-ci n'auront d'effet que de retomber.)
- *Les chapitres sur lesquels nous mettons les statues et sur lesquels elles s'y sont mis, tomberont. Ces chapitres ne sont plus nécessaires aujourd'hui.*
(Les « hauts », les endroits de réunions diaboliques, les messes solennelles de la gloire agnostique seront réduites à néant.

- *Il y aura beaucoup de bouleversements et de tremblements pour nettoyer et pour diriger ce monde vers autre chose. Ce monde est à l'agonie.*

(Ce qui doit disparaître ne peut pas renaître. Des tremblements de terre dévastateurs nettoieront les stigmates de ce monde. Des continents vont renaître, d'autres disparaîtront. Les boules en feu venant des Cieux éteindront la lumière froide des profiteurs, des despotes, des souverains fallacieux et des tyrans. Ce qui restera est totalement à reconstruire. Des îlots de sauvegarde permettront au bienheureux de se protéger.)

- *La lumière Divine viendra frapper chacun d'entre vous et « ce », chacun d'entre vous, recevra ou ne recevra pas, la gloire Divine.*

(Chacun individuellement sera confronté à ses propres choix, à ses propres attitudes, à ses propres envies. Vous en répondrez directement le moment venu. Vous devrez accepter de partir, si vos âmes ne rentrent pas en harmonie avec cette douche d'Amour que le Divin va déverser sur ce monde.)

- *Il y aura beaucoup de morts dans les rues, dans les villages et dans les villes.*

(Mourir est bienheureux, pour celles et ceux qui ne pourront supporter ce qui va subvenir à cette Terre. Cela sera si brutal, que les nuits et les jours vont se ressembler. Les rues, les vallées, les routes seront dangereuses. Les villes et villages seront anéantis par tant de noirceur. Les démons parcourront les avenues à la recherche de la mort.)

- *Il faut fuir la cité, car c'est là que tout commencera.*
  (Les villes seront infectées par ces démons. Ils se rassembleront pour expurger, pour exterminer les plus faibles, les plus valeureux. Ne vous faites pas voir. Ne sortez pas. Fermez vos fenêtres et vos volets. Enfermez-vous le temps nécessaire de la vague. Cela ne durera pas longtemps, car ils seront détruits par le joug Divin).

- *Ce commencement va débuter dans peu de temps.*
  (Il ne reste que peu de temps pour vous préparer.)
- *Des révolutions sont en marche. Le Chaos sera engendré par cela.*
  (Les peuples se réveillent et tentent de contrer ce désenchantement, rien ne pourra l'arrêter si ce n'est que le chaos).

- *La noirceur de vos dirigeants ne sera plus dans cette vaine attitude.*
  (Tout ce qui est contraire à l'amour sera détruit).

Marie insiste sur ces mots qui vont suivre

- *Il y aura beaucoup de regrets, mais cela sera trop tard. Les retardataires tenteront de basculer vers la lumière, mais cela est trop tard. Ce qui est fait est fait. Maintenant le temps est nécessaire au changement. Les regrets ne sont plus du moment et ce moment-là c'est maintenant. Gardez confiance. Surtout n'ayez aucune peur, vous êtes protégés.*
  Avec parcimonie et douceur, les choses qui arrivent seront justes et valeureuses pour tous ceux qui œuvrent pour l'Amour.

La seule conduite et la seule règle, est d'accueillir comme les justes, par Amour.

- *Ne tentez pas de prendre le dessus sur l'autre. Soyez simple et humble.*
(C'est votre vérité, mais ce n'est pas celle des autres. Restez humble et vous verrez.)

- *L'autre a aussi des choses à vous dire.*
(Le savoir spirituel doit être partagé, les autres ont aussi un regard qui peut être différent du vôtre).

- *L'autre, c'est votre famille, ce sont vos amis, ce sont ceux qui ne sont pas dans cette énergie spirituelle dans laquelle vous êtes aujourd'hui. Eux, ils ont tout un chemin à parcourir et pour cela, ils ont besoin de votre aide.*
(Vos proches pourront vous contredire. Ils devront cependant entamer un chemin spirituel sans vouloir absolument vous jeter l'anathème. Il leur faudra être humble, savoir écouter et vous respecter.)

Soyez généreux dans l'offrande que vous allez donner au travers de leurs demandes.

Ne vous inquiétez pas pour la subsistance. Tout sera organisé.

Tout est prévu pour sauvegarder ce qui doit être sauvegardé.

Soyez bénis mes enfants. Nous vous aimons.

Nous sommes à vos côtés.

Voilà ce qu'il faut y retenir :

Soyez humble et généreux.

Marie

Peinture de la couverture de ''Au Nom de Marie''
(Pastel aux tampon et Pinceaux)

Conseils de Marie

Marie ne nous demande pas de suivre à la lettre ses conseils, mais simplement d'essayer de les appliquer au jour le jour.

Selon quatre Principes :

- **Prendre le temps pour soi, afin de retrouver ce qui est fondamental.**
- **Soyez dans ce qui vous semble le mieux pour vous.**
- **Ouvrez votre complaisance à ce qui est juste et à celui qui est juste.**
- **Prouvez-le et reprenez confiance.**
- **Prendre le temps pour soi afin de trouver ce qui est fondamental.**

Le temps est un mode dans lequel vous évoluez indubitablement et vous ne pouvez-vous en extraire. Cependant, vous avez la possibilité de le ménager à votre volonté, par des instants précis et circonstanciels.

Marie se préoccupe beaucoup de nous, parce que ces moments ne sont pas privilégiés dans notre vie. Nous ne prenons jamais le temps du "retour à soi".

L'exercice du retour à soi consiste à retrouver vos fondamentaux, ceux qui subsistent et vibrent au fond de vous. Ces fondamentaux sont de nature inductive et interagissent avec vos humeurs, vos sentiments et votre façon de vivre. Ils sont si présents dans votre quotidien, que dans votre permanence de vie, votre instant de vie, vous ne vous en rendez pas compte. Et pourtant si votre conscience en prenait état, votre vie changerait fondamentalement.

Quels sont ces fondamentaux ?

Le premier est :   **ÊTRE**
Le deuxième est :   **SAVOIR**
Le troisième est :   **VOULOIR**
Le quatrième est   **FAIRE**
Le cinquième est : **RECONNAÎTRE**
Le sixième est :   **VOLONTAIRE**

ÊTRE

Savoir être, c'est avant tout se préoccuper de soi, par le pardon de soi et ensuite par l'amour de soi ; cela est indispensable pour accéder à l'ÊTRE.

ÊTRE, c'est donner de soi au moment opportun avec certitude et vérité.

ÊTRE, c'est prendre vérité de ce qui est difficile pour l'autre.

ÊTRE, c'est donner plus que la nécessité.

ÊTRE, c'est transparaître la certitude et la joie.

ÊTRE, c'est savoir donner à l'amour sa juste place.

Vivre dans l'Être, c'est donner beaucoup de joie en premier lieu à soi-même et par conséquent aux autres.

Marie nous demande de vivre comme cela, pour appréhender mieux les difficultés de la vie et pour s'élever spirituellement vers la compréhension de la vie. Même la morsure de la vie ne peut rien sur vous, si vous prenez acte de la force d'amour qui est en vous et qui se développera aux montées de votre ascèse spirituelle.

Dans chaque instant de votre vie viendra le moment de vous retrouver, ceci n'est pas à négliger. Soyez dans la finesse et la véritable intention de faire.

ÊTRE, c'est être en harmonie avec le divin.

ÊTRE, c'est entrer dans votre Moi par la grande porte. Cette ouverture garantit la pleine connaissance de ce que votre âme représente.

SAVOIR

Savoir, c'est la science induite qui s'active dans chaque instant, dans chaque pensée, dans chaque réflexion et dans chaque projection de votre présence, qu'elle soit dans le silence ou la parole.

Savoir, c'est se donner les moyens d'aller toujours dans le même sens que votre Être vous demande. Savoir c'est croire à une certitude, celle qui induit un seul comportement de toutes vos actions, c'est celui de l'amour.

Savoir, c'est l'humilité avant tout, « je ne sais pas grand-chose et ce pas grand- chose ne suffira pas, alors je fais en sorte d'être ouvert à la découverte ».

Savoir, c'est accepter la différence de l'autre et de faire en sorte de la respecter.

VOULOIR

Vouloir, c'est instrumentaliser sa vie au désir de faire le bien.

Vouloir, c'est apporter le soutien inconditionnel à ceux qui dans la souffrance n'espère plus en rien.

Vouloir, c'est abolir à jamais le jugement que l'on porte sur les autres.

Vouloir, c'est apporter l'amour dans les endroits les plus sombres.

FAIRE

Faire, c'est prendre en considération la valeur de l'amour et la donner à quiconque.

Faire, c'est donner sans compter de l'amour à l'autre sans obligation de retour.

Faire, c'est éblouir chaque instant de votre vie pour éclairer le sens de celle-ci.

Faire, c'est donc donner de l'amour dans l'intention de l'offre.

RECONNAÎTRE

Reconnaître, c'est accepter notre inconstance dans les choix de l'amour.

Reconnaître, c'est regarder avec amour notre passé tumultueux.

Reconnaître, c'est admettre toutes nos erreurs, dans le pardon de soi.

Reconnaître, c'est aimer l'autre dans ce qu'il représente comme étant une émanation divine

VOLONTAIRE

Volontaire, c'est accepter tout l'éventail de difficultés de la recherche spirituelle.

Volontaire, c'est posséder la conviction de sa foi en Dieu.

Volontaire, c'est abreuver sans cesse sa recherche spirituelle dans ce qui n'est jamais acquis.

Volontaire, pour se battre contre les aspects nocifs, sombres et noirs de l'ego.

Soyez dans ce qui vous semble le mieux pour vous.

L'illusion est le maître mot dans vos vies. Elle est de votre quotidien, elle est une présence permanente que votre mental saisit comme vérité. Vos erreurs, vos mensonges, vos abandons viennent de là et c'est pour cela que beaucoup d'entre vous baignent en alternance entre ce qui vous paraît vrai et ce qui vous paraît faux.

Pourtant, c'est bien autre chose qui existe autour et en vous. La façon dont l'instruction a fait office dans votre vie, incite à croire à ce qui a été instruit comme vérité. C'est normal parce que vos aînés ont été élevés comme cela et votre civilisation a grandi comme cela.

Le langage, la pensée divine, la vérité viennent en vous par la liaison entre ce qui est et ce qui existe. Ce langage unique est traduit par votre intuition et c'est cette interface spirituelle qui permet à votre mental d'exister. Les mémoires induites de par votre éducation viennent d'un héritage qui a ses racines dans la nuit de temps. C'est l'évolution humaine qui a construit les remparts de ce mental, mais les fissures apparaissent systématiquement au cours de votre élévation. C'est ce que l'on appelle les doutes et ces doutes vous entrainent dans une fausse image de ce que vous ressentez intrinsèquement. Et oui l'illusion du Vrai apparait comme évidente dans ce que vous pouvez ressentir.

Il suffisait justement de faire appel à cette science spirituelle, animée par votre intuition, pour que les humains que vous êtes, soient aujourd'hui dans une autre réalité. Qu'ils ne soient pas dans l'illusion d'un monde que vous connaissez bien, mais dans un monde réjouissant de splendeurs et de satiétés.

Pour cela, retrouvez en vous cette puissance que représente votre intuitif et vous serez apte à comprendre et à vivre une autre réalité. Soyez dans ce qu'il vous paraît le mieux pour vous.

Ouvrez votre complaisance à ce qui est juste et à celui qui est juste.

Le monde, votre monde requiert toute notre attention. Au travers de son histoire, malgré les récurrences meurtrières qui ont jalonné l'histoire de cette humanité, l'homme n'a pas voulu envisager une façon de vivre autrement que par la domination. Il s'est fourvoyé dans sa propre famille humaine, afin d'assouvir sa soif de suprématie.

Cependant, il faut voir dans tout ce qui se passe soi-disant en mon nom, n'est que fortuit. Le fruit des labeurs que chacun porte, n'est pas du fait du divin. Vous êtes responsable de tous vos maux et difficultés de vie, si ce n'est que le pauvre hère qui faute de mieux, n'espère plus en rien par tant d'égoïsme et d'abandon. Je suis celui-là et non celui qui porte la chasuble.

Vous portez vos peines avec labeur. Qu'avez-vous fait de votre intuition, ce savoir spirituel qui habite chacun d'entre vous ?

Il n'y a pas d'espoir pour celui qui bannit sa propre spiritualité, le néant sera son avenir, car rien n'est pour celui qui refoule sans cesse cette précognition spirituelle qui s'agite en lui.

Le rachat d'une vie fait par le manque spirituel, est pénible pour celui qui le vit de notre côté, non pour ce qu'il induit comme souffrance mais surtout par le constat amer du refus spirituel, de l'apostat et de l'impossibilité d'accéder à ce qui est lumineux.

Soyez vigilant, car la notion de ce que vous appelez spiritualité est bien plus vaste que vous ne pouvez l'imaginer. La seule approche que vous pouvez appréhender d'une façon plus ouverte, c'est d'y mettre une notion infinie qui se multiplie en adéquation avec la notion d'éternité.

L'immensité du pouvoir de l'amour crée à l'infini sa notion spirituelle. Dieu à l'infini pour créer et pour aimer infiniment. Toute réduction à ce titre-là est vaine, Dieu ne se mesure pas dans une globalité, il est globalité.

Le Fils de l'Homme, comme vous l'appelez est né de la pensée divine. Ce fils est votre propre frère et Dieu est votre propre père, comme je suis votre propre mère.

C'est comme cela que nous faisons partie d'une même famille et si vous ne l'avez jamais compris comme cela, c'est de par votre approche et en influençant la notion de différence que vous avez créé les murs et les fossés qui vous séparent.

Ce que vous appelez Esprit Saint, c'est un ensemble de plusieurs émanations : celle qui relie le tout au tout, celle qui émane directement de la pensée de Dieu. Mais c'est aussi celle qui régit toutes les lois de tous les univers par un ensemble d'énergies d'amour structurant chaque parcelle de ce qui existe partout et en vous.

Le monde tel que vous le connaissez, n'est que l'illusion de la pensée du tout, Néanmoins cette pensée créatrice vous préserve de l'illusion par la possibilité de l'évolution matérielle et de l'élévation spirituelle. En dehors de cela, la matière n'a pas accès à la réalité, celle-ci apparait à l'âme et non à la matière.

Jésus, mon fils est votre frère, il est auprès de chacun de vous comme je le suis. Ensemble et en accord, nous œuvrons pour l'ensemble de votre humanité. D'autres mondes nous assistent et pour cela, nous réalisons ensemble une réalité spirituelle basée sur l'unique principe divin : l'amour.

Votre Terre est en train de se régénérer par des mouvements énergétiques importants mis en place par un ensemble de civilisations humaines et pour lesquels vous ignorez encore leur existence. Les fratries d'âmes choisissent les mondes de valeurs spirituelles pour lesquels l'autorisation divine est accordée. A ce titre, ils interviennent pour permettre une ascèse spirituelle de ces mondes postulants, afin de donner les moyens nécessaires à cette élévation spirituelle et amener chaque monde à une concordance idéale, à une confédération harmonieuse.

Votre libre arbitre, ce joyau concédé par l'amour de notre Père, fracture actuellement la relation humaine avec l'autre, c'est un piège tendu par l'ego et dans lequel vous vous êtes fourvoyés. Aujourd'hui, il dénature au détriment du plus grand nombre, votre propre liberté. Le retour en arrière n'est pas envisageable. Si l'ensemble, voire presque la totalité du peuple de la Terre s'allie pour ensemencer l'amour, alors le chaos ne pourra pas exister.

Nous comprenons cela, faites-nous confiance. Il n'y a plus de temps pour empêcher ce chaos, ils vous demandent de reprendre le chemin du pardon et de l'amour pour qu'existe l'ombre du chaos, supplantant ainsi l'ego et par-là vous faciliter un avenir et détruire ainsi définitivement la condescendance.

Ce monde-ci, le vôtre dirigé par de sombres âmes, n'en finit plus de vous induire dans le mensonge, leurs dernières armes les emmèneront dans la confrontation de leur propre haine. C'est ainsi que finira cet opprobre du genre humain. De votre genre ne ressortira que celui qui aura embelli son âme.

Votre monde de demain, ne peut exister que si vous reconnaissez la nature comme complémentarité et non comme charge de chantage et de destruction.

Les ornements luxurieux dans lequel vous vous plaisez reflètent l'ingérence du mal dans votre façon de vivre. Les « ogres » fallacieux, détruisent par condescendance, l'espoir et les décideurs réduisent en esclavage le genre humain.

L'histoire de l'humanité terrestre, arrive à son paroxysme. Ivres de haine et de revanche, celle-ci ne voit que ce qui est son château. La haine est au cœur de vos vies, elle suscite jalousies et pouvoirs.

Avoir, pour se reconnaître et posséder, pour se faire valoir. L'homme de demain, est loin de naître, car tant d'antagonismes habitent son cœur.

L'épouvantail qu'il représente fluctue au gré de vents d'influence diabolique, la fin de cette hégémonie passera par le feu divin. Loin des campagnes, les villes brûleront aux cris de ses moribonds.

Soyez confiants dans le Père et votre Frère, ils sont là...

Ne laissez jamais de côté ce qui est ressenti comme vrai, bien au contraire.

L'homme a construit sa propre réalité sur des faits qui lui semblaient être vrais. Son histoire s'est bâtie sur un ensemble de situations dramatiques et fallacieuses que furent, les conquêtes de territoires, l'appropriation de l'arbitrage des peuples et le constat amer du pouvoir de l'un sur l'autre.

Oui, la complaisance est l'acceptation de ce qui vous semble juste et ce qui est le meilleur pour vous. Basez-vous uniquement sur ce que vous ressentez et non pas ce que l'on tente de vous faire comprendre.

L'erreur peut surgir, mais elle est là pour signifier d'aller plus loin, plus en profondeur afin d'y puiser votre vérité.

Viendra après la reconnaissance de l'autre, celui pour lequel vous ressentez des attraits communs, des similitudes de langage et de véritables attirances qui font vibrer en vous cette mémoire du passé, qui là-haut se justifie dans votre élévation.

Ces âmes fraternelles parlent le même langage, loin des liens amicaux communs, elles ressentent cette évidence qui vibre en elles. La complaisance spirituelle ouvre des retrouvailles dont l'évidence claironne en harmonie avec l'âme.

Prouvez-le et reprenez confiance

Reprenez ce qui vous appartient, c'est à dire vous-même.

Nul n'a le droit de vous juger pour ce que vous êtes, bienheureux celui qui traverse les tourments de la désillusion en préservant son essentiel, de l'absence de reconnaissance, celui-ci aura sa place dans les hautes sphères.

Tandis, celui qui juge, devra par peine ouvrir des espoirs qui de l'autre côté, se gagnent avec amour.

Prouvez-vous cette grandeur et cette valeur de ce que vous êtes réellement. Soyez ivre de cette reconnaissance, car elle délivre l'espoir à la sphère supérieure.

Rien sur Terre ne peut prouver la force intrinsèque de votre âme, comprenez par là, que chercher cette impossibilité réduit la réalité de votre âme.

Vous avez en vous une puissance phénoménale, qui tient en son sein tout un savoir divin, là où se trouve la véritable essence de ce que vous êtes et non ce que vous croyez être. Rien ne vous interdit à aller y puiser dedans les ressources nécessaires à votre développement et à votre bien-être.

Il suffit simplement de le vouloir avec une intention totalement louable et orientée sur le seul désir de faire en fonction de ses propres moyens. L'intention doit être façonnée afin d'établir une relation directe et honnête avec vous-même.

Cette intention doit servir uniquement l'amour et seulement l'amour. Une fois acquise, alors s'ouvrent en vous les portes du savoir divin. Ce savoir divin est l'addition de tout ce que vous avait gardé de positif en vous et ses racines remontent au plus haut de votre ascèse spirituelle, c'est à dire qu'elles tiennent compte de toutes vos vies.

C'est en cela qu'il faut reprendre confiance en ce que vous êtes réellement. Soyez votre vainqueur, soyez votre ivresse et soyez votre Un.

Alors viendra à vous, la reconnaissance divine et plus rien n'empêchera votre ascension vers la beauté divine.

Fin de la première partie.

2ème partie

Les Mystères de l'au-deçà

Rester au deçà de ses limites et de ses espoirs,
c'est ne pas aller à tout ce que l'on pourrait prétendre

Les Mystères de l'au-deçà

Ce qui existe n'est que visible, mais il y a aussi ce qui n'est pas perceptible, c'est ce que nous appelons l'invisible.

Savez-vous que l'invisible, représente presque la totalité de qui est, ce que l'on appelle l'au-deçà, comme il peut l'être à 99% dans l'univers

L'univers visible n'est qu'une minuscule particule de ce qui est… Le reste est aussi grand que la perception de ce qu'il est. Cela s'appelle l'au-deçà.

Qu'entend-on nous par, au-deçà ?

Il y a bien : l'au-delà, en deçà… mais l'au-deçà ?

L'adverbe « au-deçà » désigne une action, une chose, ou une personne qui est hors d'atteinte, ou qui n'aboutit jamais en totalité. Aller au-deçà des choses signifie qu'on se contente de les aborder sans les finaliser. (Wikipédia)

Pour moi, il s'agit d'un état de conscience où existe quelque chose qui semble inaccessible, mais qui laisse transparaître pour autant une certaine forme tangible de possibilité. C'est quelque chose qui est hors de portée d'atteinte et qui pour la plupart d'entre nous n'existe pas et de ce fait, on ignore son existence.

Par contre, c'est aussi quelque chose qui n'a pas de fin. Elle est sans limite et on ne peut l'imaginer parce que cette chose est toujours en développement. Et pourtant cette chose existe bien.

Cependant, elle se compose de deux versants, de deux franges. L'un est positif et constructif et l'autre est créateur et embellissant. Cependant, ils ne supportent pas l'environnement néfaste et crée alors la discorde. L'un comme l'autre se dénature de leur contraire. Ce sont des forces inimaginables, indissociables qui ont la possibilité l'une comme l'autre ou l'une et l'autre de modifier, de changer et d'embellir votre vie à jamais.

Pour la première, elle porte plusieurs noms, plusieurs qualificatifs parce qu'elles ne sont pas inconnues pour certains. Ceux-ci l'appellent «le secret où loi d'attraction ».

Pour moi, c'est bien plus que cela, c'est la même essence qui organise la cohérence et le tout dans l'au-delà, cette présence n'est faite que d'omniscience, de la puissance du savoir et elle génère votre propre créativité. Par exemple, c'est aussi par cela que vos demeures de l'autre côté dans l'au-delà, ressemblent étrangement à ce que vous êtes réellement, intrinsèquement et spirituellement parlant. Mais cela, vous le constaterez quand le moment sera là pour y rentrer.

En attendant et pourtant, une frontière hermétique n'existe pas pour nous qui sommes incarnés dans l'un de ces deux mondes, le monde de matière et le monde éthéré. Pourquoi l'un en profite et l'autre pas ? Cette essence existe de part et d'autre dans le dedans comme dans le dehors, dans l'au-delà comme dans l'au-deçà. C'est un lien énergétique qui unit le tout au tout.

Pour le déceler, il faut s'autoriser à prospecter ce que les sciences humaines ont cherché vainement à faire et ont omis de reconnaître : l'autre versant. Certains chercheurs téméraires l'ont découvert malgré tout, cette « essence » qui ne ressemble à rien, qui ne correspond à rien de ce que l'on connaît et de ce que l'on peut supposer, si tant bien est que malgré tout, la science de l'homme la soupçonne. Cette force est surtout une énergie singulière et vibratoire.

Certains s'en sont rendus compte dans leurs agissements et dans la remise en cause de leurs comportements. Ils en ont effectivement tiré profit au détriment de la masse de l'humanité et ont mis sous silence cette découverte pour uniquement asservir leurs semblables au joug de la domination.

Mais il est une trame de fond qui développe des multiples ramifications pour maintenir une cohésion entre le tout et tout, cela vient de l'éclat divin, l'âme. Ce souffle divin émet en permanence une essence qui nous lie ici, chacun et ailleurs, et relie ce tout au tout. De nos pensées, nos sentiments, de nos actions que nous projetons dans cette essence, jaillit une onde vibratoire qui cherche son analogie, c'est de cela qu'il s'agit : « La connaissance » dite aussi le secret ou loi d'attraction. Vous attirez ce que vous êtes, vous attirez ce que vous projetez par vos pensées, sentiments et actions.

C'est une connaissance disponible pour tous et que chacun doit malgré tout découvrir. *C'est à force de comprendre que l'on découvre encore plus...* Il faut que vous sachiez qu'il existe l'au-deçà de ce que vous voyez, comprenez et ressentez.

C'est par cette reconnaissance de l'au-deçà, que vous avez accès aux portes du bonheur et de la santé : avoir, faire ou être tout ce que vous voulez, choisir ce que l'on veut indifféremment de sa taille et de celle qu'elle représente, comme la création d'une entreprise, celle de la reconnaissance et bien d'autres ! Cette connaissance vous ouvre les portes de ce que vous voulez vraiment.

Comment faire ? Je vais vous donner les moyens non seulement pour obtenir ce que vous attendez dans votre vie, mais aussi faire de votre intuitif la véritable antenne de votre vie, le véritable GPS qui vous emmènera là où vous le voulez.

Il existe des miracles inattendus, qu'ils soient financiers ou physiques, psychiques ou relationnels. Tout cela grâce à une intention pure et dénuée.
 C'est au fond de nous, enfoui dans notre âme, comme considéré inaccessible de par notre éducation, nos croyances et nos relations. Une force spirituellement active, incroyable nous relie en permanence avec l'univers, et la partie qui nous est accessible permet de mieux maîtriser notre ordinaire ; de cette force, certains s'en servent dans leur quotidien. Elle est celle qui a engendré tout ce qui a été, tout ce qui est aujourd'hui et tout ce qui sera demain. C'est le canevas, la trame qui se développe au fur et à mesure de vos états mentaux et spirituels.

Comment retrouver cette source intérieure, celle qui défie aussi le temps et la science actuelle ? Celle qui est au sommet de ce que nous sommes et que nous ignorons ? Cette force a la capacité de changer vos vies et d'en faire ce que vous souhaitez vraiment.

Toutes nos existences sont guidées par des lois, qui sont les mêmes dans toutes nos différentes cultures, les lois de ce qui est autour de nous, au plus loin que nous pouvons espérer et au-delà de notre vue, comme l'entièreté de l'univers et des univers. Ces lois définissent une force si hautement précise qu'elle nous est accessible de par la force (spirituelle) qui nous anime pour en définir les moyens techniques et scientifiques, pour s'extraire par exemple de notre gravité terrestre afin d'aller poser les pieds sur la lune sans heurt et avec grande précision.

Qu'importe si vous êtes en Afrique, en Russie, en France, en Chine, aux États-Unis ou en Amérique du Sud. Nous sommes tous confrontés à une seule force avec une seule puissance, c'est la loi de l'attraction issue de la force de l'âme.

Tout ce qui est de votre vie, que vous attirez ou qui est attiré vers vous par la simple vertu des images que vous avez en votre mental, émane de la pensée. C'est par votre propre pensée et tout ce qui se passe dans votre tête, votre conscience, que vous l'attirez.

Beaucoup de philosophes, scientifiques le savent. Depuis les temps reculés jusque dans l'antiquité, ils le savaient et certains en ont abusé.

Peu se sont posés la question : pourquoi un groupe restreint de la population mondiale peut s'approprier 90% de tout le système financier mondial ? Est-ce dû au hasard des successions ou de l'ensemble des exactions fomentées par des brigands de grand aloi ?

Non ce n'est pas cela. Ils ont compris ou essayé de comprendre comment ce « quelque chose », cette source de bienfaits peut exister et surtout comment la maîtriser, pour en tirer profit. Une fois que vous le savez, cette force se présente à vous. Et, la façon la plus simple de voir cette force, cette loi d'attraction, c'est de se mettre à la place d'un aimant.

Qu'est-ce qu'un aimant ? Un aimant n'est pas forcément celui qui aime, quoique quand on aime on attire aussi, l'aimant est inhibé de forces attirantes, attractives et c'est celui qui attire les choses à lui. Souvent on dit : « qui se ressemble s'assemble ».

Ici pour le concevoir, nous nous plaçons au niveau de la conscience, pour cela nous devons nous convaincre, nous humains de ce que nous voulons vraiment et que cela soit absolument clair dans notre pensée. De là, nous invoquons une des plus grandes lois de l'univers, c'est la loi de l'attraction, c'est-à-dire que nous devenons ce à quoi nous pensons, mais aussi nous attirons ce à quoi nous pensons.

Si vous voyez votre désir dans votre conscience, vous le retiendrez dans votre conscience, c'est un principe immuable, il peut être résumé en ces mots : les pensées, les sentiments deviennent des choses.

Notre cerveau, de par notre conscience, a les moyens aussi de se délocaliser ou de se modifier. Nous pensons que notre conscience ne se situe que dans notre enveloppe cervicale, mais aussi nous ne savons pas et nous ne comprenons pas que la pensée est émettrice de fréquence, une énergie qui lui est propre et qui vibre selon son identité et son propre diapason.

Chaque pensée émise a une fréquence déterminée qui tient compte de sa propre identité vibratoire et l'on peut mesurer cette pensée. Imaginons que vous avez une pensée récurrente, qui se précise à chaque moment où vous imaginez dans votre conscience avoir par exemple, un renouveau matériel, comme une maison, une voiture, un vélo, la création d'une entreprise ou une belle amoureuse, l'âme sœur, etc. Si vous émettez cette pensée de manière continue, cette pensée envoie un signal vibratoire et magnétique qui attire son parallèle à vous. Vous imaginez vivre avec une personne que vous aimez profondément et bien soyez-en assuré, vous l'attirerez.

C'est ce qui m'est arrivé, certes cela a mis plus de trente-trois ans, mais cela est vraiment arrivé. Cela fonctionne à chaque fois et pour tout le monde.

Pourquoi les personnes pensent souvent à ce qu'elles ne veulent pas ou à ce qu'elles ne souhaitent surtout pas pour elles, et quand cela arrive, elles se demandent pourquoi cela arrive, encore et encore et de plus en plus souvent ?

La force, cette loi d'attraction se moque de ce que vous imaginez comme bon pour vous ou mal pour vous ou que vous le désiriez ou non. La loi d'attraction ne répond qu'à vos pensées. Si vos factures s'amoncellent sur votre bureau, vous en êtes si désespéré que l'angoisse vous ronge pour savoir comment honorer toutes ces quittances. Vous êtes si affligé que c'est un signal que vous émettez dans l'univers.

Je me sens très mal, comment vais-je faire pour m'en sortir ?

Vous vous en convainquez et votre corps en ressent tous les effets délétères et les mauvaises vibrations. C'est justement cela que vous attirez (vous attirez le parallèle, son analogie) c'est la cristallisation de vos peurs qui amène ces mauvaises vibrations et qui construit le reste : la torpeur et l'impossibilité de régler le problème. Cette force attractive obéit quand vous pensez à ce que vous désirez, vous le désirez si fort que votre concentration à ce moment-là attire toute votre attention. Cette force vous donnera ce que vous avez désiré, en l'occurrence dans cet exemple vous ne trouverez « pas par hasard » la solution au problème.

Quand vous vous concentrez sur ce que vous ne voulez pas,
Par exemple « ...*pourvu que je ne loupe pas mon train !* » Vous donnez une consistance à cela, cette loi n'entend pas que vous ne voulez pas louper votre train, donc cela se renouvèlera encore et encore. Cette loi ne choisit pas son côté, elle se décide simplement aux choses auxquelles vous pensez.
Si vous vous dites « *Oh zut, je suis en retard, mais j'aurai tout de même mon train...* » Il se passera quelque chose qui vous permettra de ne pas louper votre train. C'est ce que l'on appelle la pensée positive.

Cette force vibratoire fonctionne en permanence que vous y pensiez ou pas, que vous y croyiez ou pas, elle est permanente et indéfectible. Elle fonctionne tant que vous y pensez. Si vos pensées émettent, la force est présente et donc efficiente. Par exemple, si vous pensez à votre passé, ou à votre présent ou après à votre futur, celle-ci fera force de continuum, pas de pause ni de stop ; elle réagit quand vos pensées émettent.

Tout ce qui se contient dans le mot création tient compte de cette force, cette création vit. C'est un ensemble de pensées qui se multiplie à l'infini. Dès qu'une personne a une pensée ou un développement de la construction d'une pensée, cela engendre systématiquement un processus de création et le fruit de cette pensée sera ce qu'elle désirera. Cette force nous dit « Nous vous donnerons ce sur quoi vous vous concentrez. »

Si vous n'êtes pas heureux de votre sort, vous créez une onde négative. Le mieux serait pour vous de vous concentrer sur ce que vous voulez et **non sur ce que vous ne voulez pas**. Quand on se concentre avec passion sur quelque chose que l'on veut, cela arrive plus vite, plus vous prenez cette idée à cœur, plus elle viendra vite. Et là, cela devient un miracle et votre vie change fondamentalement. La force d'attraction est émise par l'intuition, donc par l'essence de l'âme. C'est uniquement vous qui en détenez le vouloir.

Vous avez à changer de comportement. **Ne vous focalisez plus sur ce que vous ne voulez plus,** votre orientation devra changer et votre concentration se fixera sur ce que vous voulez.

Dans votre vie, vous pouvez être positif ou négatif, et attirer des personnes et événements positifs ou circonstances positives. A l'inverse, vous attirerez des personnes et circonstances négatives si vous transportez ces sentiments dans ce sens en vous.

Vous finissez par attirer à vous les pensées dominantes dont vous avez conscience, qu'elles soient conscientes ou inconscientes : là est le problème.

Si vous êtes attentif à cette force d'attraction, le pouvoir de votre conscience et de vos intentions vous entoure d'une onde énergétique de bienséance. Il suffit d'ouvrir le regard et de percevoir ce qui nous entoure, elle est partout

Cette force attractive fait le lien entre « tous » et le « tout ». Vous attirez ce tout à vous-même : les personnes, vos envies, les circonstances de votre vie, la maladie comme la santé, la pauvreté comme la richesse, votre environnement. Vous attirez tout comme un aimant et cela est fonction de vos pensées. Votre quotidien devient la manifestation physique des pensées qui sont les vôtres.

Cela ne peut venir d'une imagination débordante, cela vient de plus profond, cela vient de l'âme. Étonnamment, cela est quantique, l'univers que l'on se crée n'existe que si la pensée entre en scène, que la pensée crée, même la chose qui est perçue.

Difficile d'assimiler cela, comme l'électricité, vous ne la comprenez pas parce qu'elle existe sous une forme qui n'est pas la vôtre. Pourtant vous en appréciez l'utilité et tout ce qu'elle vous apporte comme bienfait et cela vous le savez.

Si vous intégrez petit à petit dans votre vie, cette force vibratoire, vous y ressentirez de profonds changements. Et c'est là que vous vous sentirez coupable de toute cette négativité qui fut longtemps le décideur de vos vies.

La pensée que vous accréditez comme une réalité positive est supplémentairement plus puissante que celle d'une réalité négative.

Parce que l'angoisse n'est pas ou n'est plus, vous diminuez l'appréhension qui vous tenaille et surtout vous augmentez la valeur affirmative du mieux.

Puis le facteur du temps joue un rôle prépondérant. C'est l'inertie temporelle. Elle est salvatrice, car nous serions en difficulté sinon. Ce facteur temps vous est utile, il vous oblige à réajuster, à étayer vos pensées pour un choix adapté.

À chaque instant, vous devez maîtriser vos pensées, les préférer soigneusement dans l'allégresse, vous la merveille de votre vie. Ce que vous réalisez pour vous est votre chef-d'œuvre. C'est une sculpture qui a été embellie par vos pensées, et cela restera unique.

L'humanité fut volontairement plongée dans l'ignorance de cette puissante force vitale et spirituelle parce qu'elle représente le plus grand danger pour l'ego. L'abrutissement par cette noirceur adossa à un mur toute une humanité afin d'assouvir le pouvoir de ceux qui la manipulaient.

Cette force rémanente et spirituelle est une loi universelle. Elle permet à chacun de nous de vivre sa propre vie aux fonctions d'une pensée embellie. Notre univers est régi par des lois, par exemple : la gravité qui fait fi de ce que vous êtes ; bon ou méchant peu importe, vous vous ferez mal en heurtant le sol.

Tout votre environnement y compris les difficultés qui vous gênent, vous l'avez attiré au départ de votre envol. Seul responsable, vous serez confronté à ces difficultés, « *je ne voulais, je ne savais pas…* ». Vous êtes magnétisé à ce que vous n'avez pas quitté et à ce dont vous vous plaignez.

Vous avez attiré ces difficultés et pour le comprendre, cela est compliqué. Par contre si vous avez accepté ces incommodités alors cela change votre vie, cela fait partie de cette force attractive. Nous attirons par défaut et nous pensons n'en avoir aucun contrôle. Tout cela se vit par automatisme, ainsi que nos sentiments.

Donc pour croiser cela, il faut maîtriser toutes nos pensées et cela devient très intéressant.

Est-il possible de contrôler toutes nos pensées ?

Non cela est impossible, seulement, parce que nous serions épuisés de contrôler chacune de nos pensées. Cela représente des centaines de milliers de pensées qui se suivent et disparaissent, cependant c'est par nos sentiments que nous pouvons intervenir, car ils orientent nos pensées et nos émotions. Ils nous suggèrent nos engagements pour comprendre ce que et ce qui nous attire.

Il y a les bons et les mauvais sentiments. Nous savons faire la différence entre les deux. Nous en connaissons la teneur parce que les uns font du bien et les autres font du mal. Nous sommes partagés en deux :
-    D'une part, les émotions qui rassurent comme l'euphorie, la bienveillance, l'amour, parce que vous attirez ce qui est bien pour vous et vous savez qu'elles vous font du bien.
-    D'autre part, les mauvaises pensées comme la peur, le regret, la haine et la rancœur parce que vos pensées ont basculé, elles sont attirées par ce qui vous fait souffrir.

Vous attirez plus de bons sentiments ou des conditions qui vous font du bien si vous projetez des pensées positives. C'est aussi cela et la réponse est là. Ainsi, si vous vous trouvez sur la voie positive, vos sentiments sont un filtre réactif et vous créez ainsi votre devenir qui suit la direction de vos envies. Soit vous vous sentez bien, soit vous vous sentez mal.

Chaque instant la force attractive est présente dans votre vie, elle construit l'architecture de votre vie et c'est ce qu'il adviendra dans celle-ci. Tout ce qui passe par vos pensées, organise votre avenir, et vous obtenez exactement ce que vous ressentez.

Parfois les journées commencent très mal, vous avez loupé votre train, votre bus, votre voiture ne démarre pas… Il suffirait d'un changement d'émotion pour que tout se déroule normalement. Par contre si vous vous levez du « bon pied » et que vos pensées rayonnent de lumière et de bonheur, vous activerez alors une suite de bonheurs parce que la force attractive n'attirera que les bienfaits d'une journée. Vous rencontrerez tout au long de cette journée des évènements, des personnes qui entretiendront cela. Si rien ne vient perturber ni vos pensées, ni votre humeur, cela continuera. Il y aura évidemment des bons et des mauvais jours, cela dépend des sentiments que vous dégagez et de ce que les gens ressentent.

Pour changer cela, vous devez maintenant prendre en compte cette force et assainir vos sentiments.
Le développement personnel ne dépend que de vous et ce qui vous entoure ne dépend que de vous. La force se manifestera et vous la ressentirez si vous allez dans ce sens positif. Ce sont vos pensées et vos sentiments qui créent votre vie, il en sera toujours ainsi et c'est garanti.

Tout ce sur quoi vous vous concentrez en pensée et avec sentiment, sera toujours ce que vous allez attirer dans votre vie que vous le vouliez ou non. Votre univers vous appartient dès que vous avancez dans votre vie. Pour vous déplacer dans votre vie en créant cet univers, il est important de vous sentir bien, parce que vos pensées à ce moment-là créent un signal dans cet univers, et ce signal commence à avancer vers vous en construisant le bienfait.

Plus vous attirez des situations qui vous font du bien, plus vous grimpez à l'échelle du bienfait. Quand dans des situations où vous vous sentez mal, vous avez la possibilité de changer cela, n'hésitez pas ; faites-le par une action qui vous fera du bien. Allez au cinéma, baignez-vous, écoutez de la musique, chantez, cela changera votre ressenti et vos émotions.

À chaque fois, pensez à quelque chose de beau et dans l'évitement, orientez-vous vers ce qui vous fait du bien. Pensez à un être aimé et fixez-vous là-dessus. Bloquez et chassez de votre esprit tout ce qui vous a perturbé, cela vous permettra de vous sentir bien.

Cela est aussi possible auprès de votre animal de compagnie. Il représente pour vous un être qui vous fait du bien et que vous aimez. En conséquence, il vous met dans un état émotionnel rassurant et merveilleux.

C'est en maîtrisant vos pensées et vos sentiments que vous pouvez créer votre propre réalité. Vous êtes le créateur conscient de votre liberté, de vos bienfaits et du pouvoir sur votre vie. En utilisant à bon escient la loi de l'attraction, cette force divine, vous aurez la vie que vous ne pouvez pas imaginer. Ce n'est pas le hasard qui le permettra, c'est cette source, cette énergie toute particulière disponible pour chacun de nous qui crée de par nos pensées, ce que nous sommes. Si, je pense avec conviction aux malheurs que je veux éviter, ces douleurs viendront.

Si, je pense avec conviction aux bonheurs que je voudrais, ces bienfaits viendront. Si vous savez appliquer cela, alors votre vie en sera transformée.

Qu'est-ce qui vous appartient dans ce processus et qu'est-ce qui appartient à l'univers ?

Il n'y a aucune limite, comme l'est l'univers. L'univers est grand, très grand, comme peuvent l'être vos pensées et vos sentiments, il n'y a pas de limite si ce n'est que la raison.

C'est par plusieurs paliers qu'il faut entreprendre ce changement

- <u>Le premier</u> : il faut demander en sachant ce que l'on veut intentionnellement et le faire savoir à l'univers. Celui-ci vous renverra l'énergie de toute manière, et vous sentirez une demande : *que veux-tu vraiment ?* Vous pouvez formuler votre demande sur n'importe quel support, votre tablette, votre Smartphone ou sur un papier… Il n'y a que l'intention qui compte, tout en étant reconnaissant et heureux de pouvoir formuler cette demande. C'est une commande que vous passez à l'univers.

- <u>Le deuxième</u> : Je crois à ce que je fais et cette commande est déjà là : être dans une croyance inébranlable, croire à l'impossible et se dire « *tes désirs sont mes ordres* ». Je peux vous assurer que cet univers mettra les choses en place et organisera cela sur votre parcours de vie.

Très souvent nous pensons que cela ne peut qu'être un désir improbable. Nous ne nous l'autorisons pas, parce que nous ne pouvons ni l'imaginer, ni savoir comment cela se fera. Dans l'actualité, il arrive souvent de lire des articles où l'on peut constater que toute personne ayant accompli quelque chose ne savait pas comment cela arriverait et pourtant elle l'a fait. Cela arrivera et vous ne saurez pas comment.

Parfois, on ne regarde pas là où il faudrait, on ne voit rien et on est désabusé. Le doute prend la place de la foi, c'est la déception et son cortège de mal-être. Il est nécessaire de reconnaître ce sentiment déstabilisant et de le remplacer par une pensée forte, positive, faite de sentiments authentiques par la certitude que cela arrivera. Si vous agissez ainsi, effectivement cela arrivera.

-       <u>La troisième</u> : savoir recevoir ; pour cela commencez à sentir que cela ne va pas tarder, et pensez que cela sera imminent. Dans cette forme de pensée, il est important de se sentir heureux, bien, serein et croyant.

On génère ainsi une onde de désir de ce que l'on veut. Cela est ressenti par l'univers, par cette force qui fait le lien entre « tout », et le « tout ». C'est la transformation d'un rêve en une réalité. Quand vous avez construit votre rêve en réalité, alors vous pourrez construire beaucoup plus grand. Par cela, vous découvrirez ce qui vous aidera à générer certains sentiments pour obtenir vos désirs.

Faites le nécessaire pour cela. Croyez à cette force qui est en vous, faites tout ce que vous pouvez, cela vous aidera à attirer cela. Mais attention, cela ne peut-être que matériel. Cette force fonctionne beaucoup mieux si vous y mettez un sentiment d'amour, ce sentiment est d'abord pour vous, il facilite non seulement votre état d'humeur, mais renforce aussi la puissance de cette force.

Ne négligez jamais vos pensées, ne dites pas « *Je pourrais, mais je n'aime pas cela* ». Ce n'est pas comme cela qu'il faut penser, faites-le autrement, car derrière il se cache quelque chose que vous ne pouvez voir, c'est la raison de ce cadeau. Il faut agir vite même si vous êtes en désaccord avec l'univers sur ce qu'il vous a offert. Si vous pensez dans le bon sens alors vous sentirez une onde joyeuse vous envahir. L'univers demande une réaction immédiate, ne la repoussez pas, ne la devinez pas, ne la doutez pas.

Quand l'opportunité est là et que vous sentez l'impulsion, alors agissez. C'est tout ce que l'univers vous demande. Soyez par cela attentif à ce qui vous attire, ainsi vos pensées seront régulées. Cela devient une réalité physique avec et à travers vous.

Vous ne pouvez savoir ce qu'il adviendra de vous. Si la confiance est en vous, alors il se passera ce que vous attendez de la vie. Cela mènera vos pas à la destination de ce que vous désirez, car au fond de vous, vous le désirez. Il suffit de faire le premier pas dans la certitude de ce que vous êtes, cette foi qui ouvre la promesse de votre reconnaissance. Faire juste le premier pas... Ce n'est pas la taille de ce que l'on demande qui importe, c'est ce que l'on met en place qui nous fait penser que c'est monumental et que cela prendra du temps. C'est ce que nous pensons en fonction de ce que l'on nous a appris. L'univers ne connaît pas les limites, il fait tout sans effort !

Mais dans l'univers, ces règles n'existent pas. Il y en a qui ont réussi avec des petits riens, parce qu'ils voulaient commencer par des petits riens.

Exemple : une personne pense à quelqu'un de cher, qu'elle n'a pas vu depuis longtemps ; peu de temps après, un jour quelqu'un vient lui parler de cet ami, puis ce cher ami lui a téléphoné...

Autre exemple (assez connu) : vous invoquez quand vous êtes en voiture et que vous voulez vous garer sur une place de parking ; vous cherchez en faisant de nombreux tours une place disponible. Votre impatience commence à se faire sentir parce qu'il y a la pression du temps et surtout vous êtes au plus près pour vous rendre à votre destination. Sans vous en rendre compte, vous créez cette impossibilité de la disponibilité d'une place et effectivement vous tournez, tournez sans trouver ce qui vous convient. En vérité, il suffisait de demander à l'univers parfois « aux anges des parkings » de trouver pour vous une place et de vous guider vers elle, exactement là où vous le vouliez. Sur 98% de chance et les 2% restant, il suffit de patienter juste un peu. Cela est vrai et je l'ai souvent expérimenté.
La loi d'attraction favorise votre demande si vous y mettez une intention positive.

Bon nombre d'entre nous se sentent « lourds » d'une vie de labeur et de désarroi, du fait des conditions de leur vie.

Il est absolument possible de sortir de cette torpeur et de ces fragilités, quelle que soit la réalité de votre vie actuelle. Cette réalité peut vraiment changer le sens de votre vie si vous croyez à la force de cette puissance qui est en vous. Cette loi d'attraction a besoin d'être exploitée si vous vous reconnaissez comme un être aimant et positif envers vous et les autres.

Il est bien écrit n'est-ce-pas : *Demandez et vous aurez…* Ce qui est très important, c'est d'adopter une attitude de gratitude et de construire en vous la répétition comme si vous mettiez en route le moteur qui construit votre visuel dans ce processus. Vous visualisez et vous matérialisez, comme si vous anticipiez le résultat, comme si en avance vous construisiez ce qui se précisera devant vous et cela sera vrai et matérialisé.

Ce n'est pas un leurre, c'est une réalité. Votre esprit a les moyens d'anticiper ce à quoi vous espérez parce qu'il est en dehors du temps, comme l'est l'univers. Votre demande s'accorde avec votre esprit, et donc vous êtes en harmonie et en amour avec vous. Si vous visualisez uniquement le résultat final dans ce sens, cette cristallisation fera son office et apparaîtra dans votre vie, c'est le résultat de vos espérances.

Par exemple : vous voyez un gâteau devant vous et votre gourmandise vous démange. Vous pensez immédiatement, « *si je mange cela, je vais grossir…* ». Effectivement vous allez grossir si vous le mangez réellement. Par contre si vous vous dites : « *Si je mange cela, cela me fera du bien …* », dans ce cas-là, vous ne grossirez pas en le mangeant, puisque vous n'avez pas émis l'aspect négatif de vos envies.

Autre exemple que beaucoup connaissent et qui est d'ailleurs transcrit dans de nombreux ouvrages : Vous regardez sur vos mains, vos doigts, vos ongles, vos veines, vos taches de rousseur… Vous fixez et observez bien les détails et puis vous fermez les yeux, et vous voyez vos doigts s'enrouler autour d'un volant, celui de votre nouvelle voiture, celle que vous espériez, vous accélérez, vous changez de vitesse et puis vous y allez… C'est une expérience holographique bien réelle, si réelle à ce moment que vous n'avez pas besoin d'avoir réellement la voiture. Votre esprit simule tellement bien cet état que vous avez l'impression de la posséder. C'est donc le sentiment qui crée l'attraction. Vous êtes dans un autre état, un état spirituel, parce que vous vous faites du bien.

Étonnamment cet état est celui que vous aurez quand vous serez de l'autre côté, un état où la pensée n'est que création, création de votre environnement. C'est la création de votre bienveillance et ce n'est pas une illusion, c'est le monde de la réalité, car c'est le monde de l'esprit.

Ici nous sommes dans l'illusion, nous dépendons de ce que nous avons appris. Parfois nous sommes obligés de passer par des moyens holographiques pour nous faire goûter au bonheur, comme cet exemple précité.

Voilà ce qu'est l'au-deçà, un état où l'environnement n'existe pas ; vous le créez vous-même et c'est ce qui vous sied de mieux. C'est pour cela aussi que les idéologies existent, les religions, les philosophies. Il est des états qui ne sont accessibles qu'à ceux qui veulent les voir et les comprendre. Ces religieux ne vous vendent pas du « beurre », du rêve, de l'impossible. Ils vous parlent d'une réalité qui est accessible à tous, qui est intrinsèquement en accord avec vous-même et avec les autres. Ces religions vous parlent d'amour parce que c'est la seule porte à ouvrir pour trouver cette unique réalité, cette accession à cette suprême énergie, qu'est l'amour.

Ce n'est que quand vous aurez exploré et exploité cette énergie, cette force attractive que vous comprendrez ces mots.

Si vos sentiments d'amour sont intentionnels dans votre attente, alors cela vous ouvre les portes du savoir et de la vraie vie. Mais pour cela, il y a des règles :

- Ne demandez jamais au détriment de l'autre.
- Ne demandez jamais ce qui valorise votre ego.
- Ne demandez jamais si le pouvoir vous attire.
- Ne demandez jamais sans l'amour de soi.

- Ne demandez jamais sans la reconnaissance de soi.
- Ne demandez jamais ce qui n'est pas utile.
- Et surtout, surtout remerciez et soyez plein de gratitude envers cette force.

À ce moment-là, vous avez plus de chances d'obtenir ce que vous désirez.

Ne soyez surtout pas mercantile. Faites aussi et surtout pour l'autre, celui qui ne peut, celui qui est dans le total désarroi, celui qui n'espère peu ou plus… Vous pouvez le faire, car l'intention est là et surtout vous avez l'amour de le faire.

Cette force ne s'arrête pas à votre individualité, mais bien au contraire, elle se constitue aussi en groupe et en famille. Elle est de toutes natures, de toutes cultures et de toutes obédiences. Rien ne l'arrête si ce n'est que la négativité de ce qu'elle représente.

Si je vous parle d'amour, c'est que l'importance est dans les sentiments que vous honorez en votre esprit. Si la noirceur et la déstabilisation existent en ce moment dans notre civilisation, c'est que l'humain a toujours voulu minimiser les forces de l'amour. Certains vous rabâchent tous les jours, « *soyez positifs dans votre vie…* ». C'est mal connaître la science spirituelle, car celle-ci ne dépend que de vous et de ce que vous représentez pour vous. L'amour de soi est un sentiment difficile à obtenir. Nous sommes submergés de douleurs, de manques et d'oublis, de regrets, d'absences, d'amertumes et de deuils… Qui peut demander à ce quelqu'un n'ayant d'estime de lui que la survie, de s'aimer ?

L'oubli de soi favorise à foison ces lacunes, ces manques et surtout l'oubli de la représentation de soi. Il suffit juste de se reconnaître comme une valeur inestimable, valeur que l'homme ne peut voir, mais peut sentir. En effet, il n'y a pas que la vue, mais aussi le sentiment. C'est la valeur que représente réellement l'âme et cette valeur n'est qu'amour.

Il suffit de reconnaître cela et de faire fi de ce que les autres pensent de nous, puisqu'ils n'ont pas accès à ce qui est vraiment votre moi. Comment ces autres peuvent-ils vous définir puisqu'ils n'ont que la perception de votre enveloppe ? Ce corps a tout ce qui est beau et défectueux dans ce qu'il représente. L'important, ils ne le connaissent pas, ils vous imaginent simplement. Alors dans ce sens, faites fi de ce que les autres voient, parce qu'ils ne peuvent pas percevoir l'essentiel.

Ici, je ne parle ni de méchanceté, ni d'égoïsme, ni d'orgueil, ni d'autres qualificatifs déplaisants. En effet, l'âme le transparaît.

Soyez honnête avec vous, regardez ce que vous êtes et indépendamment de ces qualificatifs qui peuvent exister en vous, soyez généreux avec vous-même. En fait, vous avez agi comme vous avez pu avec vos propres outils ; ceux-ci n'étaient pas forcément bien adaptés pour affronter et braver les tempêtes qui ont surgi dans votre vie et pour lesquelles vous avez adopté des attitudes de faux fuyants. *La barre du gouvernail ne réagit qu'à la pression de celui qui la tient ...*

Soyez indulgent et vous verrez remonter cette force attractive qui vous donnera le tonus nécessaire pour avancer avec optimisme et « barrer » dans les tempêtes sans aucune inquiétude.

L'ego, la force rémanente de l'homme

Newton pour décrire la force rémanente, ce substrat énergétique, commença par la supposition que la force qui à chaque instant détourne une planète de sa route rectiligne et lui fait décrire une courbe autour du soleil, est une force tendant directement vers le soleil, la loi de l'attraction ; c'est la force de la rémanence.

L'homme alterne dans une logique déductive et rationnelle. L'ego influe fortement sur l'homme, cette force dite rémanente peut alors créer le bien-être et aussi le chaos.

L'homme ne peut pas juger les autres, il ne peut juger que lui-même. Il a créé une justice sur Terre qui s'applique aux débordements des règles que lui-même parfois ne respecte même pas.

L'homme est dominé par son ego et cet ego le détourne de l'approche d'une nature intrinsèque. L'histoire de la civilisation humaine foisonne de preuves où l'ego a créé la faillite, qui elle, a conduit chaque civilisation à sa chute, à son écroulement, sa disparition... Il reproduit inlassablement les mêmes erreurs, celles qui favorisent le règne « Moi je ... ».

Prétendument pour proclamer ce genre, on nous parle de sociétés louables où la liberté, la fraternité et l'égalité devraient constituer ce genre humain tant attendu dont il ne reste aujourd'hui que l'idée. On peut appeler cela le progrès, certes il est réel, mais au profit du genre peut-être ou pour la gloire de certains plus évidemment !

Sans être défaitiste, on constate en ces moments de troubles que tout est encore à recommencer. En effet, les agitations manifestes sont justifiées par cette exhortation à croire que tout est possible dans cette démocratie. Mais on fait usage de la force pour repousser à leur frontière ceux qui, par désespoir de cause, cherchent la survie. On frappe à la matraque ceux qui dans un élan humaniste expriment leur désarroi en parlant au nom de ceux qui n'en peuvent plus de se taire. Par les médias, on éclaire le mauvais versant des faits, histoire de calmer et de générer encore et encore le calme pour que les « moutons » regagnent leur enclos.

Certains parlent du nouvel « ordre mondial », d'autres de la « cabale » ou « d'Illuminatis », ces emblèmes de l'ego.

Cette partie haute de la pyramide sociale, inviolable selon leurs principes et leurs règles, font d'eux nos gouvernants. Certes, ils induisent de la souffrance, du désespoir, mais au bout du compte, l'homme est soumis aux lois du temps et de l'espace.

Alors, nous devons aussi nous poser la question, pas aux autres, mais à nous-même : qu'aurais-je fait à leur place ? Attention, ici il ne s'agit pas de cautionner ce qu'ils ont fait, font et feront. Non, il faut se poser la question sur le genre que nous sommes et se dire plutôt : qu'avons-nous fait de nous ?

Eh oui, nos erreurs nous poursuivent dans le temps comme dans l'espace et ce dernier se restreint de plus en plus, tandis que le temps n'est plus qu'une question de mois, voire d'une année.

Pour exister dans l'avenir et cela est urgent, il nous faut comprendre tout le cheminement de notre humanité. Il nous faut maintenant, remettre complètement en cause ce que nous sommes par rapport à notre genre, mais aussi et surtout par rapport au monde minéral, végétal et animal.

Accepterons-nous encore et encore, nous humains, de faire subir encore le joug de notre ego aux soi-disant minorités, ce joug destructeur et vil, si vil qu'il détruit même notre maison et tous ceux qui l'habitent.

L'ego aujourd'hui n'est là que pour profiter, prendre et décider. Cependant, il est devenu notre singularité, le faiseur de notre manipulation, celui qui trompe et comme celui qui glorifie.

Pourtant, il aurait été possible qu'il en soit autrement. La Terre aurait pu devenir ce paradis tant attendu. Aujourd'hui nous en serions heureux et fiers pour nos descendants. Nos souffrances ne seraient plus, nos douleurs seraient vite prises en charge. Nous serions emplis de joie et d'espoir … Je ne parle pas de l'au-delà, je parle de réalité terrestre et cela n'est pas une utopie ni un espoir onirique.

C'est quelque chose que nous avons oublié par force de l'ego et du soi-disant savoir humain.

Il est constant dans l'au-deçà, c'est aussi une force incroyable complètement accessible à tous, disponible à chaque instant. Cette force est tellement puissante qu'elle transporte la beauté et l'irréel. Elle procède d'une vérité puisqu'elle est vérité. Elle existe, car sans elle il n'y aurait pas de cohésion. Elle transporte l'espoir et la création, elle ne s'arrête jamais et pourtant elle est devenue secondaire dans notre vie, voire endormie pour certains et en tout cas atrophiée.

Il existe des moyens simples pour la faire remonter dans notre vie et retrouver comment elle aurait dû parfaire nos vies. Elle est interdépendante de la force attractive, cette loi de l'attraction pour laquelle j'ai écrit dans le premier paragraphe.

Cette force est la plus puissante en vous, elle est indéfectible. Elle représente votre véritable moi, c'est le langage de votre âme. C'est l'énergie qui vient du tout et qui aussi vous lie au tout. C'est le langage divin qui ne trompe pas et qui se contredit uniquement si vous êtes dans le négatif. C'est pour cela qu'elle est interdépendante de cette force attractive.

Elle était présente à l'origine de l'homme. Elle est son développement et elle n'est plus sa raison d'être. C'est aussi et surtout cela qui, depuis nos origines, a créé nos croyances et nos espoirs.

Cette force, vous la côtoyez à chaque instant, chaque moment, parce qu'elle tente de vous raisonner et de vous indiquer ce qu'il y a de mieux pour vous. C'est simplement le nom de votre si bel imaginaire que l'on prénomme « Intuition ».

Vous pensez certainement que l'imaginaire n'est qu'une illusion ? Détrompez-vous, cela révèle de la puissance de votre intuitif. Illusion, c'est le mot créé par le mental et ce mental vous est défavorable, il vous trompe. Certes il s'organise pour vous permettre d'être en accord avec ce que vous savez de la vie et c'est au travers de lui que vous existez.

Tout commence donc par l'intuition.

Qu'est-ce l'intuition : c'est un mode de pensée ou de jugement perçu brièvement par notre mental, comme le fait de pressentir sans comprendre quelque chose ou sans analyse. C'est un sentiment d'évidence.

Pour moi, c'est une émanation de la pensée de l'âme. C'est une vérité propre qui permet de vous situer dans un environnement qui est le vôtre. L'intuition c'est aussi un « sonar », celui qui prévient d'un danger imminent. C'est celui qui évalue et celui qui raisonne. C'est celui qui détermine le mieux pour vous.

C'est dans ce sens-là que la force dite « Le secret » prend tout son sens.

L'intuition expliquée dans ce raccourci est une forme qui a développé l'instinct et le mental, puis la considération du moi pour donner naissance à la conservation, puis à la civilisation qui donna accès à la connaissance.

Quel est donc le rôle de l'intuitif, qui je le rappelle est à l'origine de tout ?

L'homme a développé son érudition au travers de son intuition. Au départ, c'est cela qui a permis son expansion et la connaissance du moi, de ce fait il a consolidé l'appartenance à une singularité qui elle a créé l'égo.

À titre de comparaison, la notion de l'ego chez l'animal est différente. Elle ne serait plus de forme singulière et ressentie par lui-même dans une appartenance plus comme mâle ou femelle, s'attribuant ainsi la notoriété de cette appartenance à partir de lui, se situant soit comme le maître, soit acceptant la soumission. L'animal a dû s'organiser pour survivre dans cette jungle où les prédateurs de tous poils, rodent parce qu'il faut survivre, il développa donc comme inné chez nous, l'instinct de survie. Néanmoins, l'animal possède aussi une petite partie d'intuition qui s'est développée au fur et à mesure des contacts avec les humains. Cela l'a rendu moins sauvage en acceptant une forme de soumission toute relative. Ce sont nos animaux « domestiques ».

L'intuition délivre aussi une notion d'amour et de compassion envers l'autre. C'est là que nous comprenons notre singularité au milieu des mondes pluriels.

Les animaux dits sauvages ne savent pas qu'ils existent en dehors de leur environnement. Parfois la loi attractive permet une vie organisée, intelligente et singulière pour eux. L'animal solitaire n'est que le rejet lié à l'évidence de l'instinct et de la survie de la fratrie.

L'animal domestiqué vit au côté de l'homme pour lui faire valoir les notions de l'amour universel. Par intuition, l'animal domestiqué va être attiré par l'homme et va développer envers son maître, un amour hors du commun. Il lui est complètement dévoué, même si, celui-ci a des exactions violentes à son égard. Son intuition lui permet de rester dans une relation d'amour au-delà des apparences, et ces apparences sont l'essence de l'au-deçà, de cette force spirituelle.
Parfois ce compagnon transporte en lui les stigmates d'une vie passée avilissante et ne porte aucune rancœur à son maître, à son nouveau maître, mais une méfiance mesurée et une confiance ouverte. L'amour à ce niveau n'a pas de pareil chez l'humain. Je pense que tous ces animaux ont beaucoup à nous apprendre sur notre comportement.

Notre intuitif a perdu le contrôle de notre vie, c'est le mental qui a pris le dessus, ce qui est dans cette société tout à fait logique et nécessaire au regard du « formatage » dans lequel nous sommes. Simplement, il y a des limites et on s'en rend compte tous les jours dans notre quotidien.

Bien au contraire, l'intuitif est sans limites, il est toujours « open ».
Malheureusement, notre mental fait un travail de sape. Nous laissons faire tranquillement cette prise de pouvoir, parce que sans cela aujourd'hui, ce serait le chaos intérieur. C'est le mental qui détient toute vérité, c'est un despote qui régit tout et qui prend toute décision nous concernant. Nous ne pouvons pas aller à son encontre pour le détruire et sauver ce qui peut être sauvé.

Notre ego, disons notre dirigeant, inspecte à longueur de temps ce qu'il y a de mieux pour nous comme pour lui, afin de s'en sortir au mieux dans cette société, cette civilisation.

Évidemment, il croit à ce qu'il ressent, sinon ce serait, comme je disais, le chaos, la dissonance cognitive. Il met en place des programmes pour non seulement se protéger, s'adapter, instaurer le programme adéquat pour être en accord avec son environnement, mais surtout et cela il sait très bien le faire : il sait se faire valoir.

Qu'en est-il de la pensée, de l'inspiration face à un événement ?

Le mental construit une pensée qui lui permet d'être en accord avec lui-même, c'est-à-dire en accord avec le programme qui lui permet de réagir et qui tout au long durera jusqu'à la fin de notre vie, de la naissance jusqu'à la mort. Ce formatage est induit de par l'éducation parentale, pédagogique, religieuse, sociale et relationnelle.

Tous ces « programmes inducteurs » correspondent à une identité unique qui est notre ego. Ces « programmes » interagissent pour donner une cohésion de conduite. Cela est rassurant certes. Cela vous fait rentrer dans le moule et malheureusement par moment et de plus en plus souvent ce moule vous met en défaut et ce parce que le monde change, la pensée change, même la notion de vitesse change. Tout va plus vite, plus le temps de faire, la peur de louper, le trop tard récurrent ; l'accélération virtuelle dérange et déstabilise l'ensemble d'une société qui n'en finit plus de courir après l'espoir du mieux et du possible, d'avoir et de posséder, de gouverner et de contraindre.

Le mental a tout détruit et continuera ainsi à le faire si l'on ne se respecte pas, si l'on ne se fait pas confiance, si l'on ne s'aime pas.

L'intuition vous permet d'être dans une relation intime avec vous, de satisfaire vos sentiments et surtout de ne jamais vous mettre en difficulté. Certains vous diront : « *Parfois ! Mon intuition me trompe »,* et oui, cela arrive.
Pourquoi alors vous trompe-t-elle ? Elle vous trompe par le fait qu'à l'instant même vous n'étiez pas disposé à l'entendre ; par manque de confiance en soi, vous étiez dans le négatif, dans la vision négative du manque de confiance.

Faire confiance à son intuition, c'est d'abord se faire confiance et s'aimer comme je l'ai dit, employer des sentiments positifs ou des actions positives qui raffermissent sans aucun doute la confiance en soi.

L'intuition est dépendante de vos états actuels, de vos sentiments et de vos pensées. Si vous pensez négatif, alors l'intuition comme la loi de l'attraction sera négative et vous vous tromperiez. Les résultats de vos envies et de votre intuition seront négatifs.

Reconstruire sa vie aujourd'hui, va à l'encontre de votre environnement. Celui-ci repose sur tout ce que votre mental a instruit pour vous permettre d'exister.

Changer, vous ne le pouvez pas dans l'immédiat, cela vous demanderait tant d'abnégation que vous ne pourrez survivre.

Il faut pour cela reprendre les rênes de sa vie, en tenant compte de la loi de l'attraction, cette force spirituelle disponible pour chacun d'entre nous, développée auparavant dans ce texte. Comme à chaque fois, c'est par l'exercice que tout arrive, par la déprogrammation douce et non invasive, par le vouloir et la confiance en soi, par l'amour de soi et par le respect de ce que l'on est.

Plusieurs méthodes existent, il y a pléthore sur le NET.
La méthode que je vous propose est simple et gratuite. Elle permet de renouer des liens et ne vous fait que du bien. Elle vous permet de ressentir la puissance divine qui est en vous, elle ne dépend que de vos intentions et personne ne peut l'en empêcher, si ce n'est que la croyance en l'existence de choses qui ne sont que négatives.

Cette méthode vous fera découvrir l'étendue immense d'un champ d'application et des champs des possibles. Vous aurez la réjouissance de ressentir la joie immense de ne plus être seul(e). La puissance qu'elle délivre vous donnera des socles de certitudes, des ressentis si puissants que la vérité sera efficiente. Elle est pratiquée par un bon nombre de personnes accueillies en entretien. Leurs ressentis m'ont été rapportés, qui affirment et confirment le bien-être de cette méthode.

En plus de cela, la vie change pour elles. L'affirmation de ce qu'elles sont, relate cette puissance et cette gloire en elle ; elles deviennent autres, différentes, plus enjouées à avancer dans leur vie. Le positif est qu'ainsi toute une famille en profite.

Des certitudes jalonnent maintenant leur devenir. Cela crée l'attirance aux bienfaits, comme si l'un ne va pas sans l'autre entre cette force, la positivité et l'intuitif. Cette union divine construit durablement l'action, les actions dans vos vies. Pourquoi déposer tout cela ? Est-ce simplement le fait de vouloir permettre aux gens de se soulager de la lourdeur de leurs propres vies et par là même, celles des autres ?

Nous le constatons tous, il est difficile dans cette civilisation de vivre aujourd'hui dans l'espoir d'une évolution satisfaisante pour tous. La perspective des films comme « Blade Runner » ou « 1984 » et « Big Brother » est de ce fait installée aujourd'hui. Ces auteurs de science-fiction étaient en fait de vrais visionnaires.

Comme écrit dans mes autres ouvrages, il est venu le temps du grand chambardement, les prémices, vous les constatez aujourd'hui, dans l'actualité, dans la désinformation que font certains médias...

Demain ne sera plus pareil et pour être bien dans ce demain après le formidable et déroutant changement, il faudra être dans l'amour de soi, cette singularité spirituelle. C'est par la magnificence de l'intuition que vous saurez ce qu'il faudra faire dans ce nouvel opus humain. Vous serez orienté de telle façon que malgré le désarroi ambiant et visuel, vous vous sentirez protégé.

L'intuition ouvre des perspectives insoupçonnées, si bien qu'elle peut contribuer aussi à votre bonheur.

Quelle est la méthode qui permet l'intuitif de revenir au premier plan, celui qui dessine votre avenir, qui évite embûches et tromperies, les imprévus troublants et déstabilisants ?

Cette méthode est très simple et en même temps elle très particulière, car c'est avec l'aide de là-haut que votre intuition s'embellit et devient vraiment la faiseuse de la beauté de la vie. Comme dit précédemment, si l'intuition avait pu garder sa place comme fanion de votre devenir, l'humanité n'en serait pas là à se morfondre de tristesse et de désespoir.

La méthode ... retour à la source

Quand vous sentirez le moment propice, cet instant privilégié, mettez-vous de préférence dans un endroit isolé et protégez-vous de toute énergie différente de la vôtre. Ce peut être une pièce chez vous, que vous allez fermer à clef, afin de ne permettre aucune intrusion dans ce moment fabuleux que vous allez vivre en intimité. Faites-le toujours de préférence avant de vous coucher pour que la nuit qui va suivre soit chargée de rêves et de réalités mirifiques. Cela, je peux vous en assurer

Dans cette pièce, vous allez installer une table, vide de tout objet si ce n'est une bougie allumée parce qu'elle représente une symbolique importante, celle de la lumière à l'amour et de l'amour à la vision. Puis vous mettez, assez soutenue, une musique douce et harmonieuse dans les styles comme certains artistes le font si bien, des musiques voluptueuses qui vous entraînent dans l'imaginaire pour élaborer des paysages et situations majestueuses.

Sur la table, vous placez la photo ou l'objet qui représente la personne chérie qui est de l'autre côté, dans l'au-delà et avec qui vous avez eu une relation très fraternelle, amoureuse, parentale. Il doit s'agir d'une personne avec laquelle de véritables sentiments d'amour ont créé le lien indéfectible entre elle et vous. C'est par cette nouvelle relation que les fluides énergétiques qui œuvrent dans la certitude, vous permettront de faire remonter au premier plan le détecteur de votre vie.

Puis vous mettez devant vous un bloc de papier et un stylo.

Ces trois éléments en place, vous écoutez cette musique qui est diffusée et vous vous laissez prendre par les harmoniques et les sons harmonieux diffusés. Vous restez ainsi pendant quelques minutes, le temps d'apaiser ce mental bouillonnant et facétieux.

Pourquoi la musique ? Votre mental, ce que vous êtes, tentera d'occuper le terrain pour ce qui va suivre et le son que l'on entend, détourne l'attention du présent. Il vous met dans un état post-hypnotique, surtout s'il est mélodieux et léger comme ne peuvent l'être des sons énergétiquement étourdissants.

De préférence, quand vous vous sentez serein(e), paisible et disponible, je vous suggère l'écoute d'une musique sans parole, douce et agréable.

Dans ce qui suit, des attitudes seront adéquates pour réaliser cet échange avec votre proche qui de là-haut ne cherche que la communication. À voix haute et avec les gestes, vous allez créer une énergie particulière, liée à votre voix et liée à votre geste.

Votre mental, va se rappeler à vous, c'est normal, car celui-ci ressent le trouble et donc tentera de vous ramener à la réalité. Peu importe, rassurez-vous, faites une pause en écoutant la musique ; l'expérience continue, elle n'est absolument pas invasive, elle ne rentre aucunement en contradiction avec vous, bien au contraire dans son déroulement, elle va renforcer vos certitudes.

Vous formulez à voix haute et ce, pour les raisons suivantes :

1. Vous forcez votre mental à suivre ce chemin ; si ce n'est que par la pensée, cela n'aura pas le même impact. (C'est pour cela aussi qu'il faut s'isoler dans une pièce, afin que personne ne vous raille.)
   Je rappelle que c'est une relation intime et cette relation ne peut être observée par quelqu'un d'autre.
2. Parce que vous créez une énergie qui est liée à votre vibration vocale.

Pourquoi la photo ? >Sans elle, votre mental tentera de vous déstabiliser par une vision temporelle non précise, en se baladant dans vos mémoires là où se situent les rencontres dans votre vie avec cette personne ; elles engendrent le flou et l'instabilité.

Voilà ce que vous allez prononcer à voix haute en vous adressant à la personne sur la photo, qui de l'autre côté, je peux vous l'assurer, n'attend que cela et vous entendra parfaitement :

*« **En ce moment présent, je t'offre ce cœur d'amour*** (que vous allez représenter dans vos pensées. Cela peut-être aussi une boule rouge ou un grand bouquet de fleurs), ***qui représente tout l'amour que j'ai pour toi à ce moment-là. »*** Vous allez charger ce cœur en réitérant cette phrase plusieurs fois.

En disant cette phrase, vous lui offrez par un geste vers l'avant, cette boule, ce cœur, ce bouquet de fleurs ... ce geste doit être fait et exécuter avec conviction.

C'est comme cela que vous « Syntonisez * » une vibration qui correspond à votre identité vibratoire, faite de votre pensée/parole et de votre geste. (* Syntoniser : Accorder deux circuits oscillants (vibrations) sur une même fréquence.)

Cette onde énergétique parviendra dans l'instant à son destinataire et celle-ci restera en permanence. Ainsi, vous émettez une onde singulière qui correspond à votre identité vibratoire et cette onde cible une autre identité vibratoire singulière, c'est-à-dire qu'elle n'est pas destinée à n'importe qui. Émission-réception crée le flux énergétique et le reflux en même temps, et vous attirez ce que vous avez émis.

En réponse, vous recevrez alors une vibration particulière, ressentie différemment, peut-être une « douche d'amour » comme je la nomme. Cela est arrivé à plusieurs personnes qui ont pratiqué cet exercice. Cela veut dire que la syntonisation est active.

Peut-être faudra-t-il la renouveler plusieurs fois. Cela ne dépend que de votre for intérieur. Peut-être traversez-vous en ce moment des turbulences affectives, sociales ou relationnelles ...

Cela est normal, il faut être disposé pour le faire, c'est-à-dire pour être en ouverture spirituelle, loin de tout tracas et de toute perturbation. « *Il faut y croire aussi pour le voir* » (*Père François Brune*)
Néanmoins, il faut réessayer pour forcer votre mental à rester là où il doit se trouver, en vous persuadant par ces mots « *cela m'aide, cela me fait du bien et cela me rassure* ».

Maintenant, vous prenez le stylo et le bloc de papier. Vous allez écrire en vous adressant à cette personne chérie. Vous regardez sa photo avec insistance, en lui posant la question par écrit : « que deviens-tu ? Que fais-tu ? Où es-tu ? » vous posez autant de questions que nécessaires, ce n'est pas la quantité, ce n'est que la qualité des questions qui importe.

Puis, vous vous mettez à la place de la personne qui de l'autre côté s'est syntonisée avec vous et vous vous dites : « que peut-elle bien faire en ce moment ? que devient-elle à ce moment ? »

Évidemment votre mental va se rappeler à vous, il va chercher à vous remettre dans le temps présent, dans ces pensées qui jettent le doute « *C'est n'importe quoi, tu vois que c'est toi qui écris, et qui répond...* » et là vous vous persuadez encore et à nouveau « *Oui c'est bien moi qui écris et qui réponds, mais cela me fait du bien, de toute manière je ne risque rien* ». À ce moment-là, vous allez rentrer dans l'auto persuasion, c'est de l'autohypnose. Vous répondez alors aux questions posées précédemment.

Vous imaginez donc être à la place de cette personne et vous répondez à ces questions sans hésitation, car vous ressentez une évidence.

En effet, vous êtes dans l'imaginaire et ce que vous répondez vous fait plaisir et surtout vous rassure. Vous pourrez penser à ce moment-là que c'est votre mental qui vous dicte les réponses.

Ce n'est pas le cas, c'est votre intuition, liée à votre imaginaire qui a pris les rênes que votre mental n'a pas voulu prendre, parce qu'il n'est pas programmé pour le faire. Celui-ci se réfère toujours à ce qu'il connaît et non à l'inconnu faisant partie d'un autre, un autre « programme ».

Très souvent pour s'en rendre compte, quand une information, un événement se présentent à vous sans crier gare, vous avez une pensée furtive qui vous dicte une vérité par rapport à cet événement. Tout de suite après vient une autre pensée qui vous paraît plus plausible puisqu'elle correspond à ce que vous avez appris et qu'elle fait partie d'un « programme spécifique : le savoir ». Vous prenez acte de celle-ci, vous suivez cette voie.

Puis, souvent après, vous vous dites « *je le savais, pourquoi je ne me suis pas écouté* ». Cette pensée est un exemple typique, qui prouve que votre mental a les rênes de votre vie, donc domine vos pensées et réactions. C'est un exemple qui vous permet de mesurer l'importance de votre intuition, par rapport à ce mental dominateur. Cela est bien distinct. Cet exemple est récurrent et il y en a bien d'autres qui font partie de votre vie.

Ce parallèle avec une logique numérique, que l'on appelle programme ou application informatique, démontre bien, l'importance de votre savoir. Nous oscillons dans une notion binaire que j'expliquerai après. Ces programmes binaires sont les vôtres et vous vous en servez tous les jours puisque c'est vous. Vous êtes dans un format de civilisation qui vous a appris à être une singularité. Vous ne pouvez en être autrement sinon vous rentrez en marge.

L'homme a oublié l'essence même de ce qu'il était, une énergie vibratoire qui oscille dans une fréquence donnée qui est très singulière puisqu'elle correspond à votre identité énergétique. Mais il y a un autre versant de cette énergie. Il y a votre imaginaire qui est l'essence même de votre intuition qui, elle, est issue de votre âme.

L'âme est une parcelle divine, et celle-ci peut-elle se tromper ?

Si l'homme, à ses origines avait construit ses civilisations sur le principe intuitif *« je vis, comme je ressens ce qui est bon pour moi et ce que je ressens n'est que le mieux pour moi et pour les autres »*, nous n'en serions pas là aujourd'hui à nous débattre dans un marasme sans nom.

Reprenons maintenant le cours de votre écriture intuitive. Au fur et mesure de celle-ci, vous allez voir que petit à petit, votre imaginaire laisse place à ce que votre proche de l'autre côté, essaie d'imprimer dans vos pensées. Vos phrases, vos mots commencent à changer de modulation, d'orientation, de style ; parfois des mots inconnus apparaissent, se dévoilent des situations très singulières vous rappelant une époque révolue bien enfouie dans votre mémoire.

Puis vient de plus en plus d'émotions. Elles sont assurées, elles vous révèlent cette belle lumière en vous qui vous fait vibrer. Vous êtes en harmonie avec elles et elles vous renvoient ce que vous êtes…

L'amour au-delà des barrières énergétiques transporte une réalité si précise et si bien définie qu'il vous baigne dans des caresses subtiles et singulières.

Vous faites cela pas plus de 45 minutes, car l'épuisement vous gagne. Il est temps d'aller au lit et je peux vous dire que cette nuit-là sera baignée de rêves et de situations si belles que vous comprendrez que la réalité n'est pas celle que l'on croit, comme dit le film, c'est « Au-delà de nos rêves ».

Faites-le trois fois par mois pendant un maximum de trois mois. Après vous n'avez plus besoin de mettre en place cette convenance. Vous avez fait par cet exercice, la rééducation de votre intuition, vous avez syntonisé définitivement votre fréquence, si bien que vos chers disparus, vous envoient à la demande autant de signes, de réponses, de présences que vous souhaitez de leur part, simplement écrire leurs pensées qui vous arrivent, pour ne pas les oublier. Vous créez ainsi le journal de vos mémotionnelles.

Nous vivons sur Terre dans une illusion si bien définie, qu'elle vous fait croire qu'elle est réalité.

Pour vous rendre compte de cette immensité de ce que vous êtes par rapport à votre énergie, mettez-vous à la place de ce grain de poussière qui représente quelques microns. Imaginez ce grain se déplacer dans le gaz que représente notre air, suivant ainsi des courants d'air pour lesquels il ne peut rien changer. Celui-ci évolue dans la dimension terrestre, la dimension de notre atmosphère. Maintenant vous imaginez ce petit grain de poussière, se déplaçant dans le vide à l'échelle de notre univers.

Que représente-t-il pour vous ? Il représente moins que presque rien, c'est-à-dire que vous vous le représentez en fonction de dimensions que vous connaissez et reconnues par l'enseignement. Vous le voyez tel qu'on nous a expliqué, en d'autres termes, une dimension de presque rien, une chose presque insignifiante. Voilà, ce à quoi nous nous réduisons, parce que nous l'avons appris comme cela.

L'échelle n'est que relative, parce que l'appréciation de nos dimensions n'est valable qu'ici sur Terre et non dans la notion d'une dimension universelle.

Imaginez maintenant, ce petit grain de poussière représentant votre Terre. Seulement, votre conscience est aussi grande que l'univers, cela relativise ces notions de dimensions dans lesquelles on vit. Votre conscience est aussi grande, parce qu'elle est sans fin, elle se développe sans cesse, et ce sans cesse ne se réduit pas à une dimension.

Votre conscience est bien plus grande que l'univers dans son entièreté, si tant est que nous le limitons à ce que l'on sait de lui.

Cet au-deçà est bien plus grand que l'univers et il ne se limite pas au mental. C'est votre dépendance à votre environnement qui le limite au format binaire, instruit de votre rencontre avec la vie, de l'éducation de vos parents, mais aussi du fait des relations sociales, pédagogiques, sentimentales, des pensées religieuses et philosophiques. C'est un programme binaire qui oscille entre le début et la fin, entre ce qui est bien et mal, entre ce qui est beau et moche, entre le jour et la nuit, entre ce qui est vrai et ce qui est faux. Tout cela c'est vous, cette relation binaire qui induit des rythmes dans nos vies, accentue le phénomène de claustration que représentent nos capacités. Voilà pourquoi nous réduisons ce que nous sommes.

Il nous est possible de profiter de ces forces dans cette vibration terrestre, de certains moyens et de certains outils. Ils nous sont disponibles dans cette dimension infinie que représente notre conscience, cet au-deçà.

Bien souvent, notre conscience se limite pour certains à la dimension du cerveau, cette gélatine fibreuse énergétique qui est la source de notre intelligence, du savoir humain, de la constitution de nos mémoires et de la dimension environnementale qui permet la singularité, l'identité. Nous raisonnons grâce à lui et c'est aussi grâce à lui que nous débattons dans la matière.

Comme je le précisais, l'au-deçà est un domaine qui semble inexistant et inaccessible pour certains. Mais il est bien disponible si l'on a compris ce à quoi il est attaché, et ce à quoi il correspond. Il autorise à ce moment-là l'ouverture à cette dimension et permet aux forces qui la composent, de servir « la bonne cause ».

L'au-deçà, c'est cette dimension gigantesque qui fait le bien au bien et qui donne de l'amour à l'amour. C'est une dimension divine, qui n'est accessible qu'aux sentiments nobles, positifs, bienveillants, et surtout aimants.

Pour finir ce chapitre, je vous demande d'être ce que vous êtes dans la découverte, car vous ignorez ce que vous êtes. Cette infinitude que vous êtes n'est remplie que d'amour, croyez à cela, et c'est dans cette recherche, la compréhension de soi-même, que tout arrive.

Si vous agissez ainsi, vous découvrirez cette harmonie qui est en vous. Faites cette œuvre pour vous et par conséquent faites-le pour les autres. Soyez cette lumière, soyez heureux d'en être convaincu et vous brillerez de mille éclats. Pour cela le rayonnement que vous émettez, vous donnera une autre dimension et celle-là est bien réelle.

Vous avez maintenant les outils pour vous réaliser, vous avez trouvé une dimension qui est votre vraie grandeur. De par elle, vous vous connectez à votre vie et vous vous connectez avec l'au-delà, parce qu'à force de vous connecter par cette méthode d'écriture avec ceux qui vous sont chers, dans cette écriture intuitive dite inspirée, vous permettez à votre précognition de prendre les rênes de votre vie, vous rééduquez votre intuition pour être le seul garant de votre vie.

A force de faire remonter au premier plan votre intuition, vous n'avez plus besoin de passer par ce moyen d'écriture, pour rester en contact avec l'au-delà, cela devient naturel. C'est par l'amour que tout passe et quand l'amour est là, tout est possible.

Vous êtes en contact quand il le faut, au moment où il le faut quand tout est harmonie, par une syntonisation automatique de votre pensée à ceux qui là-haut ont besoin de vous pour réaliser aussi et ainsi cette performance d'amour. Celle-ci est autorisée et bien souvent nécessaire pour vous aider à traverser sans vous en rendre compte, les strates vibratoires permettant cela. Ils ont besoin de votre amour pour vous donner la possibilité de vous exprimer et en mettre la valeur et de fait vous faire ressentir la leur.

Les médiums ont la capacité de réduire ces espaces. Au travers d'eux, vous pouvez aussi aller encore plus loin. Seul(e) face à cette immensité vous êtes l'œuvre de votre vie. Au travers de vous, au travers de ces « facteurs (*) » les liens sont indéfectibles

Que vive ce que vous êtes, l'amour est indéfectible, l'amour est, et restera infini, car il crée l'infini pour l'éternité.

(*) « Facteur » d'un monde à l'autre : termes employés par Bertrand Retailleau, se définissant ainsi comme médium.

Le mur

Nous sommes tous dans un état de prostration, comme si, l'état latent d'une mémoire organisait en nous la perte de desseins plus éclatants. L'absence, en ces moments de doute, de notre oriflamme d'espoirs, empêche le véritable éclatement de notre aspiration : le bonheur.

Qui aujourd'hui peut se targuer d'être dans le bonheur ? Certes, certains par richesse, peuvent prouver le contraire de ce : « *L'argent ne fait pas le bonheur, il y contribue* », adage formulé par ceux qui y aspirent.

Nous sommes tous dans un état d'accablement de charges affectives, professionnelles, sociales et aussi familiales. Pour avoir perdu la maîtrise de nos envies et de nos espoirs, l'absence totale d'assurance consistante ne nous permet plus d'envisager une carrière sociale, sans avoir la peur du chômage, de la perte financière. Cette situation entraîne le déficit de l'ambition, la décadence du mieux faire, et surtout faute de mieux, l'acceptation de la dépendance intégrale à une forme insidieuse de délabrement de notre oxygène vital par l'attachement d'emprunts et de crédits pernicieux.

Le mental s'en trouve anéanti quand se profile l'acte de la dépendance adjudicatrice et spéculatrice, qui vous rend dénudé de votre labeur.

Ce système mis en place depuis longtemps, atteint toutes les strates de cette société matérialiste, si bien que même en haut de cette échelle, la dévastation fait son office.

Le mur (the Wall) se profile à grands pas. Il ne sera pas tendre avec ceux qui ont spéculé sur sa construction. Sa coriacité en sera d'autant plus dévastatrice. Quant au délabrement qui suivra, personne ne peut l'imaginer tant les racines qui étaient son socle sont si profondes que bien du temps sera nécessaire pour les assécher.

Viendront les cycles du « grand nettoyage », de par la découverte de la dimension universelle, de par la délivrance de nos attaches matérialistes, de par le renouveau intérieur et de la redécouverte d'une dimension spirituelle. Cette dimension intelligente et morale nous permettra la reconstruction de notre intérieur et nous amènera vers cette grandeur spirituelle qu'est l'amour.

Puis viendra la régénération de notre environnement qui se fera avec force et conviction. Notre socle bienveillant qu'est la Terre sera à nouveau luminescent là où l'homme comprendra avec l'acte péremptoire et lucide, l'importance de la nature terrestre.

Le savoir sera partagé et l'accès improbable de par notre connaissance scientifique actuelle, s'ouvrira vers des horizons universels. La collégialité sera notre responsabilité, de par l'enseignement, de par l'activité, de par l'idée démocratique.

L'homme ne fera plus qu'un avec sa nature et la nature ne fera plus qu'un avec l'homme. Plus aucune pyramide financière, sociale, éducative n'existera. Certaines religions et philosophies seront contraintes à de grands bouleversements.

La Terre comblera le vide de ses entrailles. L'eau lavera abondamment le fondement même de ses couches supérieures, l'environnement sera ainsi en partie réformé.

Puis viendra l'ère de la reconstruction, où les éléments environnementaux seront un facteur déterminant, où la nature reprendra sa place, où l'homme faisant un tout avec elle prendra conscience de son importance dans un équilibre spirituel.

Aucun de nous ne peut imaginer ce que sera cette splendeur naturelle, humaine et contextuelle.

Tout est pour demain, sachez-le, Il est de retour, ce crucifié au nom de l'amour ; ce Jésus est de retour parmi nous, alors !

Soyez aimant de vous-même, avant d'aimer l'autre.

Soyez sensible aux autres dans l'acte d'amour, ainsi vous serez juste.

Soyez heureux les justes, car aucun de vos « cheveux » ne sera touché, ainsi que les cheveux de ceux que vous aimez.

Soyez dans la joie d'un renouveau.

Soyez serein, car enfin les contraintes ne seront plus.

Soyez libre parce que le maître ne sera plus là, il disparaîtra sous les gravats.

Pour finir ce chapitre, je reprends ici, un texte écrit et publié par P.J. Oune, quelque temps avant son départ :

« Entretien avec l'esprit »

Je pars et je ne reviens plus, c'est la fin de ma vie.

J'ai regardé le futur, car je ne trouvais rien au présent qui me donne la paix. Enfant, j'ai désiré la promesse de grandir ; en grandissant, j'ai voulu le pouvoir de séduire.

Jeune adulte, j'ai tout fait pour aimer, j'ai prié pour l'être aussi. J'ai espéré la vaine illusion de réussir.

J'ai tenté de construire, m'instruire, comprendre, créer et même de voler comme l'oiseau.

J'ai cherché à être, enfin. J'ai parlé d'exister, de Dieu et d'immortalité. Je n'ai jamais voulu mourir. Je voulais des certitudes et je ne reçus que le doute.

En cette fin d'ici et ce début d'inconnu, ne me restent que l'espoir et quelques signes de Dieu et d'amours offerts. Encore une fois, je me retrouve dans un tout qui me paraît si peu et que je continue à voir universel et grand, bien qu'ignorant du sens, éloigné de la vraie lumière.

Je n'ai plus de force, je suis vieux en moi. Vieux d'avoir tout vu, tout vécu, tout espéré. Vieux surtout de n'avoir pas trouvé et d'ignorer ce qu'est le tout pour l'avoir mal cherché.

Vieux aussi d'avoir surestimé mes forces et de m'être brûlé les ailes. Je ne veux plus rien d'ici, je veux le repos du guerrier pacifique. Je veux le repos de celui qui a lutté pour la cause qu'il croyait juste ; celui qui malgré tout s'est tenu droit dans l'adversité du monde et de ses propres faiblesses ; un repos mérité pour celui qui ne faisait que passer et ne s'est jamais trouvé bien en ces lieux qu'il ne sut apprécier ou qui lui montrèrent si peu d'hospitalité.

Enfin, je pars. Pourtant une seule conclusion retentit en moi : tout cela en valait la peine ; même si je ne sais exactement pourquoi et que seul l'amour fut une accalmie dans l'océan de mes souffrances terrestres.

Je ne regrette rien, ni le temps perdu, ni les espoirs sans réponses. Ce fut finalement un grand bonheur d'œuvrer en tous sens en quête de paix et d'amour.

La vie est un poison magique qui chaque jour nous rapproche de notre fin et, quand nous l'avons tant souhaité, que le moment de cette finitude arrive, nous resterions bien encore à espérer et même à souffrir.

Mais je pars enfin.

Pourquoi dire cela alors que je ne sais où je vais et qu'au final, je ne souhaite pas vraiment quitter les miens ? La quête d'une vie ici doit me paraître suffisante pour ne pas espérer me voir ajouter quelque souffrance de plus à mon ignorance navrante.

Savourez mes frères ce poison comme le plus grand des secrets, car dans l'éternel demain vous en aurez un souvenir qui vous portera vers des légendes bien plus belles que celles qui bercent les enfances en devenir de ce monde. Facettes multiples, voyages merveilleux ; nous sommes si complexes que je le dis heureux : je ne l'ai pas compris, mais ce monde était le mien.

Savourez le poison du passant, je vous salue fraternellement. P.J. Oune.

Voici un texte publié par l'association

« Ophélie à fleur d'âmes – Florence Trichet »

Un texte écrit par Christiane Singer, quelques mois avant de partir sur l'autre rive en avril 2007.

L'AMOUR, SUBSTANCE DE TOUTE CRÉATION

Lorsqu'elle a appris qu'il lui restait six mois à vivre, l'écrivaine Christiane Singer (envolée en avril 2007) a commencé à rédiger ses "Derniers fragments d'un long voyage", témoignage bouleversant à l'approche de la mort.

« C'est du fond de mon lit que je vous parle… J'ai encore beaucoup de peine à en parler de sang-froid. Je veux seulement l'évoquer. Parce que c'est cette souffrance qui m'a abrasée, qui m'a rabotée jusqu'à la transparence. Calcinée jusqu'à la dernière cellule. Et c'est peut-être grâce à cela que j'ai été jetée pour finir dans l'inconcevable. Il y a eu une nuit surtout où j'ai dérivé dans un espace inconnu. Ce qui est bouleversant c'est que quand tout est détruit, quand il n'y a plus rien, mais vraiment plus rien, il n'y a pas la mort et le vide comme on le croirait, pas du tout. Je vous le jure.

Quand il n'y a plus rien, il n'y a que l'Amour. Il n'y a plus que l'Amour. Tous les barrages craquent. C'est la noyade, c'est l'immersion. L'amour n'est pas un sentiment. C'est la substance même de la création. Et c'est pour en témoigner finalement que j'en sors parce qu'il faut sortir pour en parler. Comme le nageur qui émerge de l'océan et ruisselle encore de cette eau ! C'est un peu dans cet état d'amphibie que je m'adresse à vous. On ne peut pas à la fois demeurer dans cet état, dans cette unité où toute séparation est abolie et retourner pour en témoigner parmi ses frères humains. Il faut choisir. Et je crois que, tout de même, ma vocation profonde, tant que je le peux encore - et l'invitation que m'a faite Alain l'a réveillée au plus profond de moi-même, ma vocation profonde est de retourner parmi mes frères humains.

Je croyais jusqu'alors que l'amour était reliance, qu'il nous reliait les uns aux autres. Mais cela va beaucoup plus loin ! Nous n'avons pas même à être reliés : nous sommes à l'intérieur les uns des autres. C'est cela le mystère. C'est cela le plus grand vertige. Au fond, je viens seulement vous apporter cette bonne nouvelle : de l'autre côté du pire t'attend l'Amour. Il n'y a en vérité rien à craindre. Oui, c'est la bonne nouvelle que je vous apporte... »

Conclusion

Eh oui ! C'est la fin, une fin qui vous permettra de relire encore et encore cet ouvrage. Vous verrez avec étonnement que ces relectures vous amèneront à beaucoup plus de discernement. Plus vous le lisez, plus vous vous élevez.

On ne peut conclure un tel livre, car tant de mots et de phrases restent encore à écrire… Les messages de Marie abondent en mon âme, mais je ne sais pas encore les interpréter. Faudra-t-il que j'attende les moments opportuns qui me donneront les clés de leur compréhension ?

Ce que je peux exprimer en toute simplicité aujourd'hui à cet instant, c'est la reconnaissance éternelle envers ceux qui de là-haut n'ont de cesse de me donner confiance et surtout me guide au travers de ce chemin, si difficile qu'est celui de la spiritualité.

Ce livre concède de multiples formes d'encouragements. Prenez de la hardiesse et soyez le héros de votre vie.

Chacun de nous se relève d'une valeur importante que nous minimisons tous du fait de ce « formatage » éducatif par lequel nous sommes passés. Ce formatage se fait surtout au travers de cet affligeant mode binaire qui nous oblige à osciller entre le bien et le mal, du début et de la fin, entre le blanc et le noir, le jour et la nuit, l'extérieur et l'intérieur, la loi et le désordre, etc. A chaque instant de notre vie, nous regardons dans ce sens et nous ne pouvons faire autrement. Malheureusement, c'est là que se situent le désarroi, les douleurs et surtout nos erreurs…

Mettez juste une petite touche de bienveillance en vous et vous verrez le début d'un profond changement dans votre façon de penser, de voir et de comprendre. Vous sortirez alors du mode bivalent et vous vous autoriseriez ainsi à entamer un autre chemin pour fonctionner en mode universel, qui lui permettra d'entrevoir d'immenses possibilités qui sont en vous. C'est là que se situe le tabernacle de l'amour.

Étonnamment, vous vous rendrez compte que petit à petit les chemins se différencieront, à la différence près qu'ils seront maintenant sur des bases de certitudes. Ayez foi en vous.

Que celui de la rue relève la tête en regardant vers le haut et que celui qui est en haut baisse la tête et regarde celui qui se relève ! Alors, ensemble ils oseront rebâtir leur vie.

La bienveillance que nous appliquons à nous et à nos proches deviendra alors le moteur d'un futur si celle-ci déborde au-delà de nos peurs.

Marie, nous avertit de l'imminence d'un chaos. L'urgence est à nos portes.

Aujourd'hui, si fragilisés, nous en sommes incapables. Les peurs nous tenaillent et nous attendons passablement que le changement se produise. Mais le mur est là et les lamentations ne serviront à rien.

Aujourd'hui, face à cet obstacle si gigantesque, le seul constat à faire est que notre civilisation ne se relèvera pas… Malheureusement cela est affligeant, le pire : c'est irréversible.

Nos yeux levés vers le haut, implorent, la sauvegarde, pleurant sur une misère que nous avons orchestrée. Tant que notre égoïsme règne sur notre vie, nous n'avons rien à espérer de là-haut.

Là-haut ne signifie pas uniquement l'au-delà, non là-haut signifie que des êtres hautement civilisés, hautement spirituels ont la possibilité de changer le cours des choses.

Et ces choses représentent bien plus que nous pouvons imaginer.

Alors, il nous suffit de faire « Aide-toi et le ciel t'aidera ».

Eh oui ! Rien que cela et ce cela, nous permettra d'espérer bien plus, parce que s'aider, c'est se reconnaître aussi dépendant de l'autre. Mais s'aider c'est surtout : s'aimer et si nous nous aimons vraiment, alors indéniablement le soutien viendra d'en haut.

L'espoir n'existe que s'y vous y croyez.

Faisons-le s'il vous plait, il est encore temps… Merci !

Si l'on m'apprenait que la fin du monde est pour demain, je planterai quand même un pommier… Martin Luther.

On verra bientôt que d'oser vivre, ce n'est pas la fin du monde. Juste d'un monde… René Levesque.

Histoire de mourir !

<u>Préceptes du bien aller, avant de quitter ce monde.</u>

L'être agnostique et chimérique convaincu, celui-ci, éprouve dans les derniers moments de sa vie et au moment de sa mort, des angoisses cauchemardesques où il se voit plongé dans un vide absolu, où il n'existe rien pour se raccrocher, pour fuir et se protéger. Rien pour s'appuyer ou saisir quelque chose qui le retiendrait. Il ne peut crier, car aucun son ne sort. Il voit d'autres moribonds se tordre, hurlant en silence d'incertitudes en espérant vivre un rêve. Puis, il se rend compte de la certitude de son état ; ce cauchemar dans lequel il vit, retient des instants permanents de grande solitude et de peur. Ainsi il le prolonge dans un temps indéterminé, parfois court, parfois pendant des années...

Au moment de la fin de vie, à cet instant de mourir, l'âme retrouve sa complète clairvoyance. C'est de l'intérieur que les choses apparaissent et ces choses sont faites de lumière ou de sombritude. Soit, vous êtes ébloui par ce monde inconnu, soit vous êtes assombri par tant de difformités.

Cette lumière ou cette noirceur c'est vous, c'est votre âme qui face à elle-même reçoit le dû de ce qu'elle vient de quitter.

Surprise ou déception, désarroi, tels sont les lots de chacune au moment de cette implacable vérité. La surprise est d'une telle amplitude que rien ne vous prépare sur Terre à un pareil émerveillement. Même les plus grands écrivains ne sauraient la traduire, cela n'a pas d'équivalent dans notre langage.

Vous retrouvez tous ceux qui représentent à vos yeux l'amour, pour vous assister, vous entourer. Dans le sourire, ils prendront sans égal votre joie en réveillant en vous ce que vous êtes réellement.

Votre corps est de forme humaine, sans distinction de race ou de supériorité, avec des jambes, des bras, des mains, un regard magnifique exsangue de souffrance et de stigmate et de la dureté de votre caractère.

Ce corps, cette « machine » estropiée qui sur Terre se traînait avec ses chimères et son chapelet de souffrances et d'épreuves, n'est plus.

L'élan merveilleux de ce corps épuré, se déplace dans une élégance que l'on ne peut traduire. Ce corps est gracieux, béatifié et ce regard d'une profondeur universelle accentué par un langage dont le timbre est intraduisible... Voilà ce corps qui sera le vôtre, une fois débarrassé de toutes les scories d'une existence fortuite, mais lourde de mémoires factuelles.

Le bonheur est pour vous maintenant, pas celui que vous viviez sur Terre, fait d'illusions. Non, c'est un bonheur ineffable qui vous attend, qui n'a de limite que si nous le refusons.

Ce corps fort ressemblant au nôtre, mais membré de fluides et d'énergies est capable de toucher et de prendre, de marcher et de courir, de par sa fluidité. Il est capable de parcourir des distances infinies au simple vouloir de sa pensée.

L'appartenance à une forme masculine ou féminine dépend au moment opportun pour se faire reconnaître. Le niveau d'élévation dans lequel nous sommes, détermine l'envie de l'appartenance. Dans les niveaux inférieurs, là où beaucoup se croient encore dans le monde matériel conservant ainsi les mêmes passions et les mêmes envies, ils se croient femmes ou hommes et cherchent ainsi désespérément à assouvir leurs passions.

Dans l'autre monde, la sexualité n'est plus une attente passionnelle. La jouissance se situe dans la symbiose que vous partagez avec une âme, dans le même sens vibratoire, le chatoiement qu'il procure vaut bien plus que l'extase organique.

Ce corps subtil de l'âme ne tient pas de place dans ce monde matériel. Il traverse les atomes comme une énergie fluidique et il est capable de maîtriser cette matière pour la déplacer.

Les influences terrestres sont assez tenaces pour certaines âmes, généralement quand celles-ci ont induit la peur de mourir. Si bien que le rattachement à cette enveloppe que furent les leurs, magnétise les âmes et ainsi elles restent près d'elle. Il faudra beaucoup de patience et d'amour pour que ces âmes puissent lâcher prise.

Quand l'âme d'une personne connue quitte son corps de matière, beaucoup d'âmes en demande s'empressent de revêtir son individualité, si bien qu'ils peuvent se faire valoir comme étant la personne que l'on admire. Ceux qui reçoivent certains messages, doivent prendre de multiples précautions, en contactant le monde de l'au-delà. Les personnages illustrent qui ont jalonné notre histoire, n'ont plus l'identité de ce qu'ils représentaient sur Terre, car leur élévation enlève et nettoie l'appartenance sociale, politique, religieuse et philosophique. Ces âmes qui se font passer pour un personnage illustre, sont en mimétisme et sont magnétisées pour cause d'absence de reconnaissance de leur vivant terrestre. Afin d'assouvir ce manque, elle capte l'identité, les pensées et l'histoire de ce personnage qui vient de mourir. Elles se reconnaissent illustres et peuvent prouver par des signes ou pensées anecdotiques qu'elles sont bien l'âme qu'elles prétendent être.

Quand vous mourrez, l'âme subit un trouble bienfaiteur en traversant un tunnel énergétique puissant, attirée par ce qui vous semble important. Cette lumière diffuse en se rapprochant de vous avec amour, émet comme un véritable réveil, l'impression de sortir d'un long sommeil. L'âme y découvre le calme, le manque de douleur, l'absence d'inquiétude et perçoit cette lumière aimante et prégnante, comme le signe d'un bienvenu.

Vous vous levez, vous marchez avec engourdissement. Puis vient le regard sur votre vie. Cet état panoramique vous marque les absences et les manques. Puis ceux qui vous entourent, ceux qui vous ont aimé, ce chat, ce chien aussi ou ces autres animaux, le cheval, le rat, l'oiseau, la souris, etc. apparaissent sortant d'un brouillard lumineux et tous sont là pour vous faire honneur.

Vous voyez aussi ceux qui pleurent auprès de votre corps inerte. Vous ressentez leur détresse et vous avez beaucoup de compassion envers eux et pour autant vous ne regrettez rien, car vous êtes saisi de plein de ressentis qui vous empêchent de basculer dans la tristesse. La communication est fluide avec tous vos proches, votre pensée émettrice est comprise par l'ensemble de ces âmes autour de vous, y compris vos animaux d'amour.

Vous avez encore en vos mémoires les vicissitudes de votre vie terrestre, cela pèse encore sur vos pensées. Le sommeil bienfaiteur prendra le relais et vous vous retrouverez « en salle de réveil » auprès de ceux qui vont vous bichonner pour que cesse toutes mémoires intempestives… Pour cela, vous allez être en régénération, celle-ci étant animée par des âmes aguerries qui font office auprès de vous, afin d'élaguer définitivement tous ces mauvais souvenirs passés. Le temps n'est que relatif, si ce n'est qu'il vous faut abandonner l'orgueil et l'ego ; sans cela, l'âme devra prendre le temps nécessaire pour se défaire de ces vilenies qui ont orchestré sa vie terrestre.

Quand la régénération devient vaine, alors vous rejoignez votre plan vibratoire, là où se situent vos âmes fraternelles. Et c'est là que tout commence…

Rien ne vous forcera à faire quoi que ce soit ; vous serez parfaitement libre de rester dans une béate oisiveté aussi longtemps que cela vous plaira. Mais vous vous lasserez bientôt de ce repos facile ; vous serez les premiers à demander une occupation.

« Alors il vous sera répondu : si vous vous ennuyez de ne rien faire, cherchez vous-même à faire quelque chose ; les occasions d'être utile ne manquent pas plus dans l'au-delà que parmi les hommes. C'est ainsi que l'activité spirituelle n'est point une contrainte ; elle est un besoin, une satisfaction pour les âmes postulantes qui recherchent les occupations en rapport avec leurs goûts et leurs aptitudes. Elles choisissent de préférence celles qui peuvent aider à leur avancement ».

Pour les âmes noires, le cheminement est bien tout autre. Vous ne rencontrerez vos âmes fraternelles que bien après des tourments et des regrets, pris dans l'avilissement de votre orgueil et prisonnier de votre ego, plongé dans le noir et le néant absolu. Vous revivrez en proximité et inlassablement tous vos manques d'amour et d'absence d'amour, vos actes belliqueux qui ont fracassé des vies et tué l'amour qui était en vous... Si par malheur vous persistez dans votre orgueil, alors le divin tentera de suggérer à votre libre arbitre, une dernière fois la reconnaissance de ce que vous êtes afin que vous vous éleviez.

Si vous le refusez, ce sera alors la séparation de l'âme qui elle retournera dans son creuset et votre identité, toutes vos vies récurrentes liées à la réincarnation ainsi que toutes les histoires de ces vies, disparaîtront dans le néant. Jusqu'au dernier instant, le Divin vous donnera encore le choix en tout état de cause. Rassurez-vous cela ne concerne que peu d'âmes.

Comme il faut regarder vers le haut, alors soyez rassuré, l'amour divin vous envahira de grâce. Vous aurez simplement la conviction de comprendre que le pardon est efficient, nous faisons ce que nous pouvons. Nous ne sommes pas tous lotis des mêmes outils, alors accordons-nous le pardon en sachant que nous aurions pu mieux faire... La question de l'amour est primordiale et ne cesse de vous hanter si vous vous refusez objectivement de répondre à ces trois questions :

- Qu'as-tu fait de ton amour ?
- Qu'as-tu fait de l'amour pour l'autre ?
- Qu'as-tu fait par amour ?

C'est très compliqué de se justifier dans les réponses à ces questions. Personne ici sur Terre n'aurait l'impudence de répondre très positivement à ces trois questions, parce qu'il est impossible de justifier de tels actes tout au long d'une vie...

C'est pour cela qu'il faut intégrer la notion du pardon, de ce fait l'absence réduit alors le manque et ce manque est admis en tenant compte de certaines circonstances. Alors quand le moment sera là, acceptez ce que vous êtes en regardant avec grande objectivité vos manques et vos absences avec compassion et pardon. Dieu est Amour, Dieu comprend qui vous êtes et vous demande simplement de vous reconnaître dans l'amour. Dès aujourd'hui, bannissez l'orgueil de votre vie et faites abstraction de l'ego.

Pour se faire et pour faciliter le passage, accomplissez dès que possible ce parcours du pardon en revisitant chacun des éléments discordants de votre vie, par l'observation de ce que vous étiez au moment opportun et non plus dans l'acteur que votre mental vous force à être. L'autre versant que vous ressentirez sera alors chargé de pardon et non de regrets...

Je le répète, votre mental vous trompe parce qu'il est régi par l'habitude et le formatage éducatif, social et relationnel. Il annihile toute forme d'observation intrinsèque et vous oblige donc à rester l'acteur. Vous vivez des moments passés soit chargés de haine ou soit chargés de douleurs.

Quittez cette forme de pensée, retrouvez en vous les vraies valeurs de ce que vous êtes et là, aussi simplement qu'il soit vous verrez les actes différemment. Alors viendra par la suite, le pardon.

Chaque douleur, manque, action, réponse, observation, haine, le mal, la bonté et la beauté de ce que vous donnez, reflètent une valeur qui est inscrite au regard divin comme étant vôtre. Aucun ne peut vous juger, s'il n'a pas accès à ce patrimoine qui dynamise votre âme, seul le Divin a ce droit. Pour autant il ne vous jugera jamais, l'acte d'amour prévaut à toutes formes de disgrâce.

Prenez conscience de cela et entamez le parcours du pardon. Non seulement votre vie changera profondément, mais aussi vous parviendrez au terme de votre vie : allégé, serein et ivre de vie.

Vous passerez alors l'état de mourir comme :

le plus bel instant de votre vie.

Merci de votre confiance.

Vincent Hamain.

Le père François Brune, le 12 décembre 2012 (*)

termina sa conférence en ses mots :

« N'oubliez pas l'Amour de Dieu… C'est Dieu en tant que la source de l'être, de l'amour de la vie … C'est lui que nous allons revoir. Le sens de notre vie, c'est de le rejoindre et de le retrouver en apprenant à aimer …

Aimer est la seule chose importante - tout le reste passera. Nos cathédrales, nos vitraux merveilleux, nos cantates, nos messes solennelles - tout cela disparaîtra … Nos peintures même les plus belles - tout disparaîtra …

Ce monde-là n'est fait que pour passer.

Ce qui restera, c'est l'Amour que nous aurons su donner… »

(*) (Conférence autour du film « Voyage au pays d'après » de Martine Nahmani-André.)

POSTFACE
Véronique Hamain

Vous venez maintenant de lire cet ouvrage qui se révèlera au fil des jours, des semaines et des mois à venir, un véritable Joyau pour votre Âme.

Soyez assuré et rassuré, car la vibration diffuse aux travers de ces lignes vient d'élever votre perception de la Vie et de votre Âme.

C'est un Cadeau Divin.

Vincent, mon époux m'a également offert ce merveilleux Cadeau Divin que je vous partage à présent sous forme de témoignage. Son souhait a été que je rédige personnellement cette postface.

Ma première rencontre avec Vincent

Tous deux, nous nous étions rencontrés à Mulhouse, ma ville natale, il y a trente-sept ans, dans le cadre de notre travail où nous exercions pour une salle de spectacles en préfiguration de Scène nationale.
Dans la jeunesse qui était la nôtre et l'Amour qui nous animait l'un pour l'autre, nous avions partagé trois années de vie commune remplies d'une joyeuse insouciance.

Puis, dans les différences de nos orientations professionnelles, nos choix de vies se sont vus bouleversés et la séparation de notre couple a été inéluctable.

Cette dernière s'est faite en douceur, avec respect et dans la compréhension de nos aspirations mutuelles.
Il n'en restait pas moins, un sentiment de profonde déception de ne pas poursuivre le chemin ensemble.

A ce moment précis, Vincent et moi avions repris le cours de nos vies, l'un et l'autre dans sa direction, sans avoir gardé de contacts, ni de liens.

Dans cette continuité, ma jeunesse m'a ouvert de nouveaux horizons amicaux et professionnels dans lesquels je naviguais avec force et détermination.
La Naissance de mon enfant prénommé Samuel est venue embellir et adoucir mon existence. Né un 24 décembre, il représentait déjà pour moi un Cadeau de Dieu.
L'AMOUR maternel a transformé la jeune fille que j'étais alors.

Puis, comme tout un chacun sur le plan terrestre, j'ai vécu des expérimentations de vies bordées de hauts et de bas. Des hauts très hauts, mais aussi des bas très bas et des constances qui m'ont maintenu dans un semblant d'équilibre.
Maman célibataire mais volontaire, mon cheminement s'est vu très souvent dans la souffrance physique, psychique et dans le vide et le manque affectif amoureux.
C'est au travers des yeux pétillants, lumineux et toujours joyeux de mon fils que j'ai puisé jour après jour, ma force et mon courage d'avancer, portée par l'AMOUR de Dieu.
Nous étions deux et combatifs ... la maman et son enfant dans un Amour fusionnel ... HEUREUX dans le rayonnement de nos âmes.

Le temps s'est écoulé.
De longues années interminables pour moi en quête d'AMOUR.

L'A M O U R tout simplement.
Celui pour lequel je ressentais être née, mais aussi celui que mon Âme souhaitait DONNER.

Professionnellement, je me suis toujours épanouie dans le domaine du médico-social et plus particulièrement dans l'accompagnement des personnes en difficultés.
Mon dernier emploi en ma qualité de Mandataire judiciaire à la protection des majeur(e)s (Tuteur) a été le plus merveilleux et le plus authentique, par les échanges et les rencontres inoubliables de ces personnes qui n'ont RIEN et qui nous offrent TOUT ... TOUT leur Amour jusqu'à leur dernier souffle de Vie.
Cet Amour, je l'ai vécu avec Alain, un de mes protégés tant aimé parti là-haut, avec un accompagnement réconfortant et chaleureux sa main dans la mienne.
Toutes ces merveilleuses rencontres restent gravées en mon âme.

C'est dans cette dernière expérimentation professionnelle que mon corps a lâché, me conduisant directement vers un burnout.
Celui-ci s'est montré salvateur

Mes retrouvailles avec Vincent, trente-trois ans après notre séparation

A CE moment-là, Vincent est réapparu dans ma vie.

Je vivais toujours dans mon Alsace natale et lui, dans le Centre de la France.

En arrêt de travail, depuis mon domicile, je me suis sentie un jour, guidée et attirée vers Vincent. J'avais à cœur de connaître son devenir ... trente-trois ans après notre séparation !

C'est alors que j'ai parcouru inlassablement le récit de son E.M.I. (Expérience de Mort Imminente) au travers des réseaux sociaux.

J'entrais dans un monde totalement inconnu et fascinant. Je ne lisais et je n'entendais que le mot « AMOUR » au travers de tous ses témoignages et vidéos. Ce mot « AMOUR » nourrissait mon âme et me remplissait de joie pour « oser » reprendre le contact avec lui.

J'avais soif de connaissance et de savoir ... aucune pensée amoureuse ne m'animait ... à ce moment-là !

Notre rencontre programmée en Alsace quelques semaines après nos échanges, fût tout autre et orientée vers l'AMOUR dans son sens le plus noble et le plus magique.

Rien ne laissait présager sur un plan terrestre, de telles retrouvailles de deux âmes qui s'étaient quittées trente-trois années auparavant ... et pourtant ... le Divin en avait décidé autrement pour nous deux.

Très vite, nous nous apercevions que nos vibrations résonnaient ensemble en harmonie et en profonde plénitude.

Nous comprenions que nos retrouvailles étaient empreintes du parfum raffiné des Ames sœurs et de la saveur de l'alter-Amour.

Tous les signes les plus subtils et prodigieux de nos reconnaissances étaient manifestes et savamment orchestrés par le Haut.

Le Divin se manifestait en nous pour sceller dans l'approbation, cette nouvelle histoire d'AMOUR.

Elle pouvait éclore à nouveau.

Nous nous étions ENFIN retrouvés pour entamer une nouvelle tranche de nos vies, baignés par l'Amour de Dieu.

Le choix s'est alors imposé à moi très naturellement de quitter l'Alsace pour le Centre de la France, puis la Charente.

Aujourd'hui, après notre Union maritale célébrée en 2018 sur les plans terrestre et céleste, nos vies sont orientées vers le soulagement et l'accompagnement des personnes en difficultés et en souffrance.

Vincent et moi œuvrons l'un et l'autre en complétude, en équilibre et en harmonie.

Après cette présentation, j'ai très à Cœur de vous partager mes ressentis à la lecture du présent ouvrage
« AU NOM DE MARIE ».

Ce livre réveille en moi des instants hors temps terrestre où je fus et je reste aujourd'hui témoin des messages offerts par MARIE, notre chère Maman Céleste, au travers de Vincent.

Ces derniers nous parviennent en toutes circonstances, mais le plus souvent, lorsque nous nous retrouvons tous les deux posés à table, lors d'un moment de partage.

C'est alors, qu'elle s'invite à nous et en nous afin de nous éclairer et de nous transmettre ses conseils les plus pertinents, mais aussi les plus bienveillants.

J'observe silencieusement et attentivement l'expression de Vincent.
Je le vois paisiblement plonger en son âme et se laisser guider par la voix de MARIE.

Tel un peintre muni de sa palette multicolore, il me décrit dans les moindres détails, son arrivée jusqu'à lui.
Sa mémoire reconnait humblement l'essence de MARIE et sa LUMIERE DIVINE qui s'en dégagent.
Une quiétude s'installe aussitôt en nous.

La voix de Vincent n'est plus la sienne.
Elle est transformée et teintée d'une douceur caressante et enveloppante, comme pourrait l'être celle d'une Maman aimante pour son enfant.
Assurément, ce n'est plus le timbre de la voix de mon mari.

Je saisis instantanément mon enregistreur vocal. Je le tiens toujours à ma portée, pour capter LE moment magique de LA rencontre ou des rencontres avec nos envolé(e)s.

Nous sommes pris tous les deux d'émotions intenses et indescriptibles.
Les mots et les paroles n'existent plus.
Nous vivons le moment présent, ébahis par tant d'authenticité, de bienveillance et d'AMOUR maternel.
Nous sommes uniquement dans l'ACCUEIL.

Un recueil de ces messages illustre déjà l'ouvrage de Vincent.
Ces derniers continuent de couler à flot dans notre quotidien et nous alertent de situations pressantes, préoccupantes, mais aussi porteuses d'Espoirs et d'AMOUR pour notre humanité tout entière.

Aujourd'hui, je garde en ma mémoire chaque message, comme s'il venait de parvenir à l'instant même.

Ces derniers font partie intégrante de moi.

Ils sont logés en mon âme et ils me reviennent lorsque je fais naturellement appel à eux.

Je m'en imprègne et je les réécoute très régulièrement comme une musique qui me berce, me rassure, me réconforte et m'apaise.

Ils représentent un joyau Divin qui renforce ma foi, ma force et ma confiance.

Je les évoque souvent avec Vincent, des semaines, des mois après leur accueil.

Au fil du temps, chaque message constitue le morceau d'un puzzle que nous refaisons ensemble pour en saisir le sens et son essence-ciel.

Nous comprenons alors toute l'urgence, la pertinence, la nécessité de transmettre toutes ces informations au plus grand nombre … AU NOM DE MARIE.

MARIE est en moi, à chaque instant de ma Vie.

MARIE est en vous, à chaque instant de votre Vie.

MARIE est là pour nous TOUS.

MARIE est accessible à tout le monde, sans aucune exception.

Elle est notre Maman d'AMOUR qui nous aime inconditionnellement.

En ouvrant notre Cœur, notre Âme, nous nous ouvrons à l'AMOUR du Divin.

A présent, il est important que je parle de moi, pour que vous puissiez comprendre la suite à venir.

C'est au travers de cet AMOUR maternel marial que j'œuvre chaque jour.

J'officie humblement dans les soins aux personnes, portée par l'Amour du Divin.
Je m'entends prononcer ces mêmes paroles lorsque j'étais une jeune enfant âgée d'environ 7 ans.

Depuis ma plus tendre enfance, je n'avais de cesse de soigner, aider, accompagner les autres.

Je rêvais d'exercer en tant qu'infirmière.
Au départ, ma volonté était de soulager les migraines invalidantes de mon père, cherchant inlassablement des remèdes de guérison naturelle.
Mon parcours professionnel a pris d'autres orientations, mais je suis toujours restée animée par l'Amour et par le don de soi.

Mes retrouvailles avec Vincent m'ont offert le plus merveilleux des cadeaux.
Néanmoins, j'ai traversé des longs mois de labeur après notre rencontre, pour accueillir ce cadeau et le reconnaître à sa juste valeur.
Je n'avais aucune conscience, ni connaissance de mon ouverture spirituelle qui se mettait en place, lentement, jour après jour.

Je devais apprendre, réapprendre à me connaître, à me reconnaître et à m'accepter comme j'étais réellement et non pas comme je pensais être.

J'accepte aujourd'hui celle que je suis, dans l'accueil de toutes mes émotions.

Dotée d'une hypersensibilité, de ressentis extrasensoriels et d'une intention manifeste d'apporter le soulagement aux personnes en difficultés, je me suis naturellement dirigée vers les soins au travers de la pratique de l'Hypnose.

Après une formation en Hypnose Ericksonienne, j'ai rapidement ressenti le besoin de créer et d'offrir une approche holistique à mes consultants.

La pratique de l'Hypnose énergétique dans l'holisme requiert un savoir-faire et un savoir être éthique. Celui de conduire avec précaution la personne dans l'observation des évènements vécus.

La force de la méthode du contour palliatif permet ainsi de mieux observer la réalité et de biaiser l'impact de l'épreuve.

Je savais et je ressentais au plus profond de moi, qu'une VIBRATION ET UNE ENERGIE D'AMOUR suffiraient pour guérir l'âme des personnes en souffrance.

L'INTENTION manifeste d'offrir de l'AMOUR s'avère essence-ciel.

Ma petite voix intérieure me l'a souvent susurré à l'oreille.

Au travers de mes séances, je ressens la présence et les effluves d'Amour propulsées par MARIE et accompagnées par d'autres énergies lumineuses.

Avec sa bienveillance maternelle, elle me guide, elle me parle, elle est la voix du conseil.

MARIE est là pour moi et pour toutes les personnes que j'accueille sans condition aucune.

Ainsi, j'ouvre la perception de la Vie dans l'AMOUR de soi, et dans l'AMOUR des autres.

Je porte les personnes vers le haut.
J'élève leur âme avec douceur et dans l'embellissement.
Chaque séance, chaque personne est différente et chacune bénéficie d'un soin guidé par notre Maman Céleste.
J'AIME infiniment ces séances lumineuses et colorées de ce parfum de l'AMOUR.

Cette nouvelle approche holistique rencontre des résultats probants et très encourageants.
Je reste humble.

MARIE œuvre au travers de moi et pour chacun de vous tous.

L'AMOUR que je lui porte a transformé la femme que je suis devenue aux côtés de son mari.

Le chemin spirituel définit par celui de l'AMOUR est certes le plus difficile, le plus douloureux, semé de doutes et d'incertitudes.
Mais, lorsque nous empruntons cette voie, nous ne pouvons plus faire marche arrière.
Nous savons et nous ressentons que l'AMOUR qui vibre en nous est le moteur de notre Vie.
L'éclat Divin et son rayonnement prennent toute leur place en notre for intérieur.
C'est l'Œuvre de Dieu.

Le livre « AU NOM DE MARIE » délivre pour chacun de nous des substances d'Amour et d'Espoirs éternels.
Votre âme sera sublimée et embellie par la beauté de l'AMOUR.
C'est un ouvrage qui appelle à être lu, relu dans l'intention d'y puiser toutes les ressources nécessaires pour poursuivre votre vie quotidienne avec Force et Confiance.

Il vous offre également un apaisement et un doux réconfort sur le passage de la fin de vie.

MUSICOTHERAPIE ET SONOTHERAPIE

Pour conclure, Vincent a réussi à faire partager au plus près de son Expérience, la teneur vibratoire qu'il a vécu dans l'au-delà.

Il a mis en place un parcours énergétique en s'appuyant sur l'Expérience du « Retour à Soi ».

Le support de cette Expérience est essentiellement basé sur l'intention musicale pour laquelle il a remanié, arrangé les partitions originelles.

Il a associé l'allocution d'un texte suggéré et guidé par l'au-delà. Ma voix transmet ce texte au fil du voyage.

Cette Expérience unique est un joyau Divin qu'il tente de partager au plus grand nombre, associé à ses conférences.

Je vous souhaite vivement et sincèrement de VIVRE et de VIBRER dans l'Amour suscité par cette Expérience.

A présent, vous venez d'achever la lecture « AU NOM DE MARIE »
et celle-ci vient embaumer, embellir votre âme pour le reste de votre VIE.

Soyez assuré et rassuré car le meilleur est à venir …

Vincent et moi vous souhaitons de faciliter la Joie, d'ouvrir votre Cœur, votre Âme à l'AMOUR de soi et des autres.

Laissez-vous porter dans l'AMOUR de MARIE …

Véronique HAMAIN

Avant tout, je remercie l'univers, les univers de m'être invité chez eux sans crier gare.

Si un seul de mes remerciements à cette Terre, pouvait accentuer le plaisir de la vie de mes semblables, alors ce combat pour l'Amour me semblerait gagné pour celle-ci.

Remerciements

A **MARIE**, notre Maman Céleste pour ses messages précis et ses attentions particulières.

A **Baudoin**, frère des Étoiles, ce guide accompagnant tout au long de cette E.M.I.

Au **Père François Brune**, pour ses conseils et ses messages de réconfort.

A **Jean Claude Carton**, pour sa présence et sa bienveillance.

A **Nicole Dron**, pour son soutien indéfectible, sa bienveillance et son Amour.

A **mon épouse Véronique**, pour son accompagnement et son soutien dans l'élaboration de ce livre.

A **Cyrille Huet et Fred**, pour leurs soins et leurs précieux conseils.

A **Bertrand Retailleau**, le facteur céleste, pour ses messages séraphiques.

A **Chantal Cutajar**, pour sa confiance et son écoute.

A **Karine Arsène et Cyril Hanouna (C8TV),** pour leur gentillesse et leurs interviews objectifs.

A **Bob de BTLV** et **Stéphane Allix de l'INREES** pour leurs amicales écoutes.

A **Valérie Seguin**, pour sa confiance et sa loyale écoute.

A **Véronique Hamain**, **Josée Déjanovski** et **Maryline Guillon** pour leurs conseils littéraires et leurs corrections.

Au **Père Michaël** pour son soutien et ses recommandations.

A **Jean Vilane**, pour son aide et sa bienveillance.

A **Michel Cavard**, mon reporter et chroniqueur préféré.

Merci à « **Vertical Project Média** » et **Daniel Robin, Georges Laurent** ainsi qu'à tous leurs collaborateurs pour leurs soins dans la production de la vidéo « Un pas dans l'éternité ».

À **Philippe Ferrer** pour sa bienveillance et son écoute dans son émission « On ne vous demande pas d'y croire ».

A **Dominique Pabois**, (libre propos dans ce livre) celui qui voit la lumière d'amour en chacun de nous

Merci à toutes les associations d'aide aux deuils qui m'ont accueilli avec gentillesse et gratitude.

<u>Un merci tout particulier à toutes celles et ceux qui m'ont fait confiance :</u>

Patrice Baumgartner, Jean Paul Dubourg, Patrick Couquiaud. Pensées particulières à cette si belle famille Florence et Hervé Trichet ainsi que leurs quatre filles, Valérie Claude, Frédérique Pitard, Igor Ploquin, Nadia Coulon, Sandra Dominguez, Michelle Bonnafoux, Willy Licht, Myhoa Doussan et Jean Gastaldi, Monique Dubouch de la librairie « L'initié », Christine Rousseau, Annie Eyraud, Muriel Chabourine, Tiphaine et Dominique Poulain, Jacqueline Neveu et sa fille Véronique, Namaté, François Michalon, Elsie Recalt, Pierre Tainturier, Delphine, Liliane Laurent, Stéphanie Favre, Paul Henné, Henry Vignault, Christelle Dubois, Florence Hubert, Patrick Manreza, a Dominique Vallée, José Manuel, Didier Girault, Georges Puig, Airald, Josiane Vincent, Sonia Bonnaud, Cathy et Albert Archer, Yves Lines (Source de vie – Toulouse), Juliane Kridel, Corinne Musitelli … à toute la famille de Jacqueline Folio, Isabelle André, Roseline Thierry. <u>Et un grand merci pour leur crédit, à toutes celles et ceux que j'ai reçu(e)s en entretien individuel.</u>

Pour suivre l'auteur :

https://www.facebook.com/vincenthamain

http:/vinc3665.wix.com/memo-pour-l-au-dela

Sommaire

Bibliographie

- **Mémorandum pour l'au-delà** – *Un pas dans l'éternité -* (2015)

- **Concession à perpétuité 2éd**. – *Mémorandum pour l'au-delà* (2016-2020)

En réédition pour 2022